Noch **24** Mal staunen bis Weihnachten

Der interaktive Wissensadventskalender

WISSENSBERT

Noch 24 Mal staunen bis Weihnachten

Der interaktive Wissensadventskalender

WISSENSBERT

Originalausgabe
1. Auflage 2024
© 2024 by Yes Publishing – Pascale Breitenstein & Oliver Kuhn GbR
Türkenstraße 89, 80799 München
info@yes-publishing.de
Alle Rechte vorbehalten.

Manuskriptbearbeitung: Daniel Wiechmann
Redaktion: Stephanie Kaiser-Dauer
Umschlaggestaltung: Ivan Kurylenko (hortasar covers)
Layout und Satz: STM Bearbeitung, München

Bilder Innenteil: shutterstock/A7880S, Creative Thinker27, Kravets Sergei, Olga_Angelloz, Ridackan, yokunen, lemono, BlueRingMedia, Tartila, Derriva, Zhuravska Olena, Chernyka, ledokolua, Quang Vinh Tran, Contes de fee, Paragorn Dangsombroon, burbura, cosmaa, Olga Rai, LinaDes, Stefan Balaz, Iryna Alex, uiliaaa, FotosDo, Emil Timplaru, SMSka, Liudmila_Li, DobagahaPeiris, Alex.4L, LoopAll, Oleksandra Klestova, StockSmartStart, ANNA ZASIMOVA

Druck: Florjancic Tisk d.o.o., Slowenien
Printed in the EU

ISBN 978-3-96905-339-3

So hast du die Adventszeit noch nie erlebt!

Du dachtest, du weißt so weit eigentlich alles über Weihnachten? Weit gefehlt! Hinter jedem Türchen dieses Adventskalenders entdecken wir gemeinsam nie beachtete Facetten und unglaubliche Fakten über Weihnachten und die Adventszeit, die dich zum Staunen bringen und deinen Horizont erweitern. Du glaubst mir nicht? Dann kannst du doch sicher erklären, warum dich ein Kompass nicht direkt zum Weihnachtsmann an den Nordpol führt? Oder warum Rentiere im Winter ihre Augenfarbe ändern? Wie schnell kann ein Mensch eigentlich mit einem Schlitten fahren? Und wie schnell müsste der Weihnachtsmann theoretisch beim Verteilen der Geschenke unterwegs sein?

Wie wahrscheinlich auch du mag ich ja persönlich Weihnachten am liebsten im Schnee. Aber wie groß ist eigentlich die Chance auf weiße Weihnacht und gibt es wirklich keine zwei gleichen Schneeflocken im Universum? Apropos Universum: Was ist eigentlich mit dem Stern von Bethlehem? Handelte es sich wirklich um einen Kometen, der bald wiederkommt?

Tag für Tag werfen wir in diesem Adventskalender – immer mit einem kleinen Augenzwinkern und interaktiven Elementen, die dich zum Mitmachen einladen – einen unterhaltsamen und gleichzeitig wissenschaftlichen Blick auf die Weihnachtszeit. Freu dich also auf 24 Überraschungen, Rätsel und viele Fakten zum Staunen, die dir die Wartezeit auf das schönste Fest des Jahres verkürzen.

Und wenn du noch nicht genug von all dem Weihnachtswissen hast, schau gerne bei mir auf TikTok und Co vorbei, wo ich dich jederzeit mit aktuellen Updates aus der Welt der Wissenschaft versorge.

DEIN WISSENSBERT

Die Top-8-Fakten über den Nordpol

Der Weihnachtsmann wohnt mit seinen neun Rentieren und seinen Weihnachtselfen bekanntlich am Nordpol. Wo genau, ist ein streng gehütetes Geheimnis.
Höchste Zeit, diesen unwirtlichen Ort etwas genauer unter die Lupe zu nehmen.

1. Der Nordpol liegt nicht etwa auf festem Land, sondern besteht aus schwimmendem Meereis, das maximal 10 Meter dick ist. Aus diesem Grund gehört der Nordpol auch zu keinem Land. Im Winter dehnt sich das Eis so sehr aus, dass Teile der Polkappe sogar mit dem Festland von Kanada, Alaska (USA), Sibirien (Russland) sowie Grönland und Spitzbergen in Norwegen verbunden sein können.

2. Unterhalb des Eises geht es mehr als 4 Kilometer in die Tiefe. Am Meeresgrund befindet sich der sogenannte Lomonossow-Rücken. Dieses Unterwassergebirge ist bis zu 3700 Meter hoch. 2007 wurde unterhalb des Nordpols auf dem Meeresgrund vom russischen U-Boot MIR-1 symbolisch eine russische Flagge aus Titan gehisst.

3. Es ist unmöglich, mit einem Kompass zum geografischen Nordpol zu gelangen. Der *magnetische* Nordpol befindet sich nämlich einige hundert Kilometer vom *geografischen* Nordpol entfernt. Aufgrund der Strömungen von flüssigem Eisen im Erdkern bewegt sich der magnetische Nordpol außerdem und legt dabei pro Jahr eine Strecke von bis zu 55 Kilometern (!!) zurück. Aktuell ist er in Richtung Sibirien unterwegs. Einige Forscher sehen darin Anzeichen für einen bevorstehenden Polsprung. Was genau das ist und was das für uns auf der Erde bedeutet, kannst du in meinem Buch *Du dachtest, du kennst die Welt* genauer nachlesen.

4. Am Nordpol erlebt man nur einmal im Jahr einen Sonnenaufgang und einen Sonnenuntergang. Es ist am Nordpol also sechs Monate lang hell und sechs Monate lang dunkel. Puh … mal ehrlich: Was wäre dir lieber, wenn du dich entscheiden müsstest?

5. Während der Gefrierpunkt von Süßwasser bei 0 Grad Celsius liegt, gefriert das Meerwasser am Nordpol aufgrund seines Salzgehaltes erst bei ca. –2 Grad Celsius. Die durchschnittlichen Temperaturen am Nordpol liegen zwischen –20 und –15 Grad Celsius. Im Winter sinken sie auf durchschnittlich –40, im Sommer können sie bis auf 0 Grad Celsius steigen.

6. Die meisten Eisberge am Nordpol sind weiß, da bei der Entstehung Luftbläschen in den Eismassen eingeschlossen werden, die das Licht streuen. Schimmern die Eisberge dagegen blau, ist das ein Zeichen dafür, dass sich nur wenige Luftbläschen im Eis befinden. Hervorgerufen wird der Blauschimmer von der sogenannten selektiven Absorption, bei der rotes, oranges, gelbes und grünes Licht vom Eis geschluckt wird.

7. Mit frischem Schnee bedecktes Eis hat ein besonders hohes physikalisches Rückstrahlvermögen (Maß: Albedo) und kann rund 90 Prozent der einfallenden Sonnenenergie zurückstrahlen. Normales Meerwasser strahlt dagegen nur 6 Prozent zurück und nimmt ganze 94 Prozent davon auf.

8. Es gibt die Hypothese, dass ein weiteres Schmelzen des Nordpols für eine Eiszeit in Europa sorgen könnte. Grund dafür ist die Freisetzung von aktuell noch gefrorenem Süßwasser, welches in das salzige Meer strömt und den Golfstrom abschwächen oder gar auflösen könnte. Forscher prognostizieren im Extremfall einen Temperatursturz für Westeuropa von 5 bis 10 Grad Celsius. In den letzten Jahrzehnten ist der Golfstrom bereits kontinuierlich schwächer geworden – die Forschungen dauern an.

Wo ist es kälter: am Nord- oder am Südpol?
Kreuze die richtige Antwort an und sage mir, warum.

☐   A: Nordpol   ☐   B: Südpol

Es liegt daran, dass _____

_____

_____

Leise rieselt der Schnee

Warum ist es immer so leise, wenn es schneit? Wegen der luftgefüllten Hohlräume in den Schneeflocken. Sie absorbieren die Schallwellen und damit die Geräusche der Umgebung. Dabei wird der Schallwelle Energie entzogen und in Wärmeenergie umgewandelt, die allerdings nicht ausreicht, um den Schnee zum Schmelzen zu bringen. Werden Schneeflocken schließlich am Boden festgetreten, sinkt auch die Fähigkeit des Schnees, Geräusche zu dämpfen. Hier ein paar weitere, unglaublich faszinierende Fakten über die Eiskristalle, die uns eine weiße Weihnacht bescheren ... obwohl sie eigentlich durchsichtig sind ... was?!

1. Ja, tatsächlich besteht Schnee aus Eiskristallen, die eigentlich durchsichtig sind. Ihre weiße Farbe erhalten Schneeflocken, weil die Kristalle das auftreffende Licht mehrfach und in alle Richtungen brechen. Dabei überlagern sich die unterschiedlichen Wellenlängen. Die Reflexion des gesamten Spektrums des sichtbaren Lichts lässt die Flocken weiß erscheinen.

2. Schneekristalle können unterschiedlichste Formen annehmen. Am häufigsten kommen die sternförmigen Kristalle, sogenannte Dendriten, vor. Die Kristalle können aber auch nadelförmig oder sogar dreieckig sein. Welche Form Schnee annimmt, hängt unter anderem von der Temperatur ab. Bei −22 bis −15 Grad Celsius entstehen vor allem die klassischen Dendriten, bei −7 Grad Celsius eher Eisnadeln oder Prismen. Und je höher die Luftfeuchtigkeit, desto komplexere Strukturen können die Kristalle ausbilden.

3. Die kleinsten Schneekristalle sind mit 0,06 Millimetern so dünn wie ein menschliches Haar. Sie sind sehr selten und treten nur bei besonders kalten Temperaturen auf. »Normale« Schneekristalle sind etwa 0,1 Millimeter dick. Der größte je fotografierte Schneekristall maß 1 Zentimeter. Die größte Schneeflocke, also ein zufälliger Zusammenschluss mehrerer Eiskristalle, war laut *Guinnessbuch der Rekorde* 38 Zentimeter groß. Sie wurde 1887 in den USA beobachtet.

4. 1 Kubikmeter frisch gefallener Pulverschnee wiegt zwischen 30 und 50 Kilogramm pro Quadratmeter. Frisch gefallener Schnee enthält bis zu 90 Prozent Luft. Altschnee kann schließlich so dicht und schwer werden, dass 1 Kubikmeter sogar bis zu 800 Kilogramm wiegt. Kein Wunder, dass Schnee die

Kraft haben kann, sogar Dächer zum Einsturz zu bringen, wie 2006 das Dach der Eissporthalle in Bad Reichenhall.

5. Schneeflocken fallen mit einer durchschnittlichen Geschwindigkeit von 1,6 bis 6,5 Kilometern pro Stunde zu Boden. Besonders »schnelle« Schneeflocken erreichen Fallgeschwindigkeiten von 14,5 Kilometer pro Stunde. Ausschlaggebend ist dabei unter anderem der Luftwiderstand. Je größer eine Flocke, desto stärker wird sie gebremst. Auch die Lufttemperatur macht Schneeflocken schnell oder langsam. In wärmeren Luftschichten können Schneeflocken schneller fallen, da warme Luft weniger dicht ist als kalte, was den Luftwiderstand verringert.

6. Die Wahrscheinlichkeit, dass zwei Schneekristalle genau gleich aussehen, ist sehr gering. Das hängt damit zusammen, dass sich ein Schneekristall aus einer Trillion Wassermolekülen zusammensetzt. Von dieser Anzahl an Molekülen haben eine Billiarde eine unterschiedliche Anordnung. Die Verteilung all dieser gleichen und unterschiedlichen Wassermoleküle sorgt wiederum für die einzigartige Form des Eiskristalls. Selbst wenn seit Anbeginn des Universums vor 13,7 Milliarden Jahren eine Quadrillion Eiskristalle pro Jahr entstanden wären, ist die Wahrscheinlichkeit, dass sich seither zwei gleiche Kristalle bildeten, immer noch nahezu null. Daher sind keine zwei Schneekristalle genau gleich.

7. Natürlich gebildetes Eis gilt aufgrund seiner kristallinen Struktur und seiner fest definierten chemischen Zusammensetzung als Mineral. Ehm … gilt das auch für Schokoeis? – »Nein, das ist kein ungesundes Dessert, ich nehme gerade wichtige Mineralien zu mir!« 😉

8. Kann man Schneeflocken durch die Energie eines Schreis zum Schmelzen bringen? Leider nein. Die Energie eines Schreis liegt bei etwa 0,01 Joule. Um 1 Gramm Schnee, der 0 Grad Celsius kalt ist, zum Schmelzen zu bringen, benötigt man jedoch 334 Joule. Das ist ungefähr so viel Energie, wie ein komplettes Symphonieorchester in 334 Sekunden produziert.

9. Für einen Schneeball mit 10 Zentimeter Durchmesser braucht man über 13.000 Schneeflocken. Dabei wird ein mittlerer Durchmesser pro Flocke von 5 Millimetern, ein Gewicht von 4 Milligramm sowie eine Dichte von 100 Kilogramm pro Kubikmeter von gebundenem Schnee angenommen.

Wenn ein Schneeball mit 10 Zentimeter Durchmesser rund 13.000 Schneeflocken braucht, wie viele Schneeflocken bräuchten wir demnach für einen Schneeball mit 5 Zentimeter Durchmesser? Und bitte sag jetzt nicht 6500! Ohne das richtige Ergebnis gibt es dieses Jahr keine Geschenke! Kreuze die richtige Antwort an.

☐ A: 1625   ☐ B: 2150   ☐ C: 4500   ☐ D: 5250

LÖSUNG

Die richtige Antwort ist A. Denn ein 10-Zentimeter-Schneeball hat ein Volumen von 523 Kubikzentimetern, bei einem 5-Zentimeter-Schneeball sind es 65 Kubikzentimeter. Das ergibt ein Verhältnis von 8 : 1. Umgelegt auf die Anzahl der Flocken (13.000/8), landen wir bei 1625 Flocken.

Weihnachtswetter-Phänomene

I'm dreaming of a white … Weiße Weihnachten? Davon träumen höchstwahrscheinlich ganz viele, auch du und ich. Doch wie groß ist eigentlich die Chance auf Schnee an Weihnachten hierzulande? Und wie viele Menschen feiern Weihnachten garantiert ohne Schnee? Werfen wir einen Blick auf Statistiken und Wetterphänomene rund um den 24. Dezember.

In den letzten 20 Jahren lag die Durchschnittstemperatur am 24. Dezember in Deutschland bei 4,12 Grad Celsius. Das kälteste Weihnachten der letzten 20 Jahre erlebten wir 2010 mit durchschnittlich –5,20 Grad Celsius. Am wärmsten war es in Deutschland in dieser Zeitspanne im Jahr 2015 mit 8,62 Grad Celsius.

Schaut man auf ganz Deutschland, liegt die Chance auf weiße Weihnacht statistisch bei 12,5 Prozent. In den Mittelgebirgen steigt die Wahrscheinlichkeit auf immerhin 30 bis 50 Prozent. Wer weiße Weihnachten in Deutschland erleben will, muss sich einen Ort aussuchen, der oberhalb von 800 Metern liegt. Dort ist Schnee an den Weihnachtstagen nahezu gesichert.

Das Land mit der größten Chance auf weiße Weihnachten ist Russland (63,1 Prozent).

60 Prozent der rund 2,5 Milliarden Christinnen und Christen weltweit leben im globalen Süden und haben am 24. Dezember so gut wie keine Chance auf weiße Weihnachten, da bei ihnen gerade Sommer ist. Als wärmstes Weihnachtsland gilt Jamaika. Dort liegt die maximale Durchschnittstemperatur für den gesamten Dezember bei stolzen 32 Grad.

Wann von einer »weißen Weihnacht« gesprochen wird, ist unterschiedlich definiert. Während in Kanada von einer weißen Weihnacht gesprochen wird, wenn mehr als 2 Zentimeter Schnee liegen, reicht in den USA 1 Zentimeter. In England wird vom Wetterdienst und den Buchmachern – ja, man kann in England darauf wetten – von einer weißen Weihnacht gesprochen, wenn am Weihnachtsfeiertag irgendwo überhaupt Schneeflocken gesehen werden. Sie müssen nicht einmal liegen bleiben.

Die schneereichste Gegend der Welt befindet sich in Japan. An der auf 900 Meter Höhe gelegenen Messstation in Sukayu Onsen fallen durchschnittlich 17,6 Meter Schnee im Jahr. Im Rekordwinter 1944/45 waren es sogar 35,6 Meter. In den höheren Lagen neben der Messstation wird sogar noch mehr Schnee vermutet, er ist jedoch aufgrund der unwirtlichen Bedingungen nicht messbar. Auf der japanischen Tateyama Kurobe Alpine Route kann man daher auch an Schneewänden entlangfahren, die durch die Arbeit der Räumfahrzeuge auf bis zu 20 Meter anwachsen. Die Wände sind also so hoch wie ein achtstöckiges Haus.

Die starken Schneefälle werden durch sehr feuchtigkeitsgeladene Wolken verursacht. Diese entstehen, wenn kalte Luftmassen aus Sibirien über dem relativ warmen Japanischen Meer sehr viel Feuchtigkeit aufnehmen und dann in den teils über 3000 Meter hohen japanischen Bergen als Schnee niedergehen. In tieferen Lagen erleben jedoch auch die Japaner nur sehr selten weiße Weihnachten (in Tokio beispielsweise schneit es durchschnittlich gerade mal an vier Tagen im Jahr), allerdings feiern auch nur rund 1,5 Prozent der Bevölkerung das Fest.

Wie oft gab es in den letzten 100 Jahren weiße Weihnachten, also eine geschlossene Schneedecke in ganz Deutschland?

☐   A: 26-mal   ☐   B: 53-mal   ☐   C: 4-mal   ☐   D: 73-mal

Als weiß gilt Weihnachten in Deutschland bei einer mindestens 1 Zentimeter dicken Schneedecke vom 24. bis zum 26. Dezember – ja, das ist auch hierzulande offiziell definiert.

C ist richtig. Eine tatsächlich flächendeckende weiße Weihnacht gab es in ganz Deutschland lediglich in den Jahren 1962, 1969, 1981 und 2010. Der einzige Ort mit absoluter Schneegarantie an Weihnachten in Deutschland ist die Zugspitze.

Doch warum haben wir in Europa viel seltener weiße Weihnachten als in Kanada, das ungefähr auf demselben Breitengrad liegt? Nun, dort sind die Temperaturen im Winter durchschnittlich um 10 Grad Celsius niedriger als bei uns, und das hängt insbesondere mit dem Golfstrom zusammen. Der transportiert im Winter nicht nur warmes Wasser aus dem Golf von Mexiko zu uns, sondern bringt auch feuchtmilde Luft aus dem Atlantik mit sich. Dadurch ist die Nordsee zum Beispiel auch im Winter eisfrei und an der Westküste Irlands gedeihen durch den ausbleibenden Frost exotische Pflanzen wie Palmen außergewöhnlich gut.

Die Welt der Rentiere

Rentiere sind nicht nur deshalb faszinierende Geschöpfe, weil sie den Schlitten des Weihnachtsmanns in atemberaubender Geschwindigkeit in die Lüfte heben können, sondern weil sie sich perfekt an die schwierigen Lebensbedingungen im Polarkreis angepasst haben. Hier sind neun fantastische Fakten über die mysteriösen Hirsche des Nordens.

1. Rentiere sind die einzige Hirschart, bei der auch die Weibchen ein Geweih tragen. Sie benötigen es, um während der Schwangerschaft im Winter ihre Futterstellen zu verteidigen.

2. Rentiere können in Herden von mehreren zehntausend Tieren zusammenleben. Die größte Rentierherde der Welt, die George-River-Herde in Kanada, umfasste zwischenzeitlich 800.000 bis 900.000 Tiere. Heute zählt die Herde nur noch etwas mehr als 7000 Tiere. Gründe sind unter anderem der Bau von Stauseen sowie die Errichtung von Erzminen im Lebensgebiet der Rentiere.

3. Rentiere können im Jahr bis zu 3000 Kilometer Wegstrecke zurücklegen. Kein anderes Landsäugetier wandert so weit. Rentiere sind außerdem ausgezeichnete Schwimmer, die auch im Wasser mehrere Kilometer zurücklegen können.

4. Die Deckhaare des Rentiers sind innen hohl, wodurch sich die Isolierfähigkeit der Haare erhöht.

5. Rentiere ändern ihre Augenfarbe je nach Jahreszeit. Im Sommer, wenn es tagsüber lange hell ist, sind Rentieraugen eher goldgelb gefärbt, sodass das viele Sonnenlicht die Tiere nicht blendet. Im Winter, wenn es die meiste Zeit dunkel ist, werden die Augen dagegen dunkelblau. Dadurch erhöht sich die Sensitivität der Netzhaut und die Rentiere können auch bei schwachen Lichtverhältnissen Futter und Fressfeinde erkennen.

6. Rentiere sind die einzige Hirschart, die vom Menschen domestiziert wurde. Solltest du also in Schweden oder Finnland einem Rentier begegnen – selbst in der Wildnis –, ist die Wahrscheinlichkeit sehr hoch, dass es jemandem gehört. Nicht mitnehmen! Entweder tragen die Tiere eine Markierung oder einen Chip im Ohr.

7. Die Hufe von Rentieren erzeugen beim Gehen Klicklaute. Verantwortlich dafür sind Sehnen, die sich über Knochenvorsprünge spannen. Man vermutet dahinter ein besseres Orientierungsgefühl innerhalb der Herde.

8. Die Nase von Rentieren kann Polarluft ohne Probleme von –38° auf 38 Grad Celsius heizen. Das liegt an der hohen Dichte von Blutgefäßen in den Schleimhäuten.

9. Rentiere fressen Fliegenpilze, um sich an ihnen zu berauschen. Indigene Völker des Nordens – insbesondere Schamanen – beobachteten dies und kamen auf eine kreative Idee: Sie tranken den Urin der Tiere, um selbst high zu werden. Das dürfte sogar etwas sicherer sein, als den Pilz einfach so zu essen, da der psychoaktive Wirkstoff so gleichmäßiger vorhanden ist. Während seiner Verdauung bauen Rentiere den giftigen Stoff Muscarin zwar weitestgehend ab, der Urin hat aber nach wie vor eine Rauschwirkung.

Wie lange braucht ein Rentier, um –38 Grad Celsius kalte Polarluft auf eine Körpertemperatur von 38 Grad aufzuheizen? Kreuze die richtige Antwort an.

☐ A: 5 Sekunden   ☐ B: 1 Minute   ☐ C: weniger als 1 Sekunde   ☐ D: 10 Sekunden

Richtig ist Antwort C. Rentiere können die kalte Polarluft im Bruchteil von 1 Sekunde um bis zu 80 Grad erwärmen. Möglich wird die Temperaturveränderung der Luft durch besonders viele labyrinthische Verzweigungen und Einbuchtungen in der Rentiernase. Durch sie wird der Weg, den die Luft zurücklegen muss, länger und somit die Heizfläche innerhalb der Nase größer. Durch die hohe Dichte an roten Blutgefäßen in der Nase schimmern Rentiernasen sogar auffällig rot. Wie bei Rudolph.

Schlitten und Rekorde

Schlittenfahren macht nicht nur dem Weihnachtsmann Spaß. Hier kommen die unglaublichsten Rekorde, die bisher auf Kufen erzielt wurden.

1. Der schnellste Rennrodler der Welt in einem offiziellen Rennen ist der Deutsche Felix Loch. Auf der berüchtigten Rodelbahn des Whistler Sliding Centre in Kanada erreichte er 2009 eine Höchstgeschwindigkeit von 153,98 Kilometern pro Stunde. Er wurde bisher lediglich in einem Trainingslauf vom Österreicher Manuel Pfister übertroffen, der auf derselben Bahn exakt 154 Kilometer pro Stunde erreichte. In den Steilkurven der Strecke kann die Beschleunigung die fünffache Erdbeschleunigung erreichen.

2. Den Geschwindigkeitsrekord für Schlitten abseits einer Rodelrennbahn hält der Brite Guy Martin. Er stürzte sich in den Pyrenäen kopfüber mit einem Schlitten eine Skipiste hinunter, erreichte satte 134,364 Kilometer pro Stunde und musste sogar mit einem Fallschirm abbremsen.

3. Die längste natürliche Rodelabfahrt der Welt befindet sich in der Wildkogel-Arena im österreichischen Neukirchen. Sie ist 14 Kilometer lang und die Rodelzeit beträgt rund 40 Minuten. Eine Einzelfahrt kostet für Erwachsene 17 Euro – wär's dir das wert?

4. Der größte Hornschlitten der Welt wurde 2016 vom Schweizer Fritz Dönni gebaut. Der Schlitten ist 6,40 Meter lang, 2,40 Meter breit, 2,80 Meter hoch und wiegt 496 Kilogramm. Die Kufen sind 12 Zentimeter breit. Rund 60 Personen haben auf dem Schlitten Platz. Nach erfolgreicher Erprobung auf der Rodelpiste landete der Schlitten schließlich in einem Museum in der Slowakei.

Markiere mal 59 Personen, mit denen du damit fahren wü… ach halt, wir sind ja gerade in einem Buch.

5. Beim härtesten Hundeschlittenrennen der Welt, dem Iditarod in Alaska, müssen die Teilnehmenden 1850 Kilometer von Anchorage nach Nome zurücklegen. Sie treten dabei mit Gespannen von 12 Hunden an. Der Streckenrekord liegt derzeit bei 8 Tagen, 3 Stunden, 40 Minuten und 13 Sekunden und wurde 2017 von dem Amerikaner Mitch Seavey aufgestellt. Er legte mit seinem Gespann also mehr als 200 Kilometer am Tag zurück.

6. Der Geschwindigkeitsrekord für die Fahrt in einem bemannten Raketenschlitten – wenn auch auf Schienen – wurde von John Stapp aufgestellt. Am 10. Dezember 1954 erreichte er eine Geschwindigkeit von 1017 Kilometern pro Stunde in seinem »Sonic Wind No. 1«-Raketenschlitten auf der Holloman Air Force Base in New Mexico, USA. Vielleicht hast du schon mein Video zu John Stapp gesehen. Seine Erkenntnisse aus diesen Selbstexperimenten waren bahnbrechend und trugen maßgeblich dazu bei, dass Präsident Lyndon Johnson 1966 die Gurtpflicht für Neuwagen einführte.

7. Der Geschwindigkeitsweltrekord im Bobschlitten wird vom deutschen Fahrer Francesco Friedrich gehalten und liegt bei 157,06 Stundenkilometern. Erzielt wurde er wie der Rekord beim Rennrodeln auf der Bahn im kanadischen Whistler.

... was für Schlingel: Früher versuchten Bobfahrer, ihren Schlitten durch das Heizen der Kufen schneller zu machen, um den Gleiteffekt zu erhöhen. Das wurde jedoch irgendwann verboten. Heute müssen die Schlitten eine halbe Stunde vor dem Start zur technischen Kontrolle und dürfen ab dieser Zeit nicht mehr bearbeitet oder verändert werden.

Richtig oder falsch?

Wichtig für eine möglichst schnelle Geschwindigkeit ist eine möglichst glatt polierte Kufe.

☐ Richtig ☐ Falsch

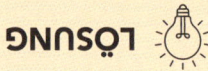

LÖSUNG

Das ist falsch. Beim Schleifen der Schlittenkufen gilt zwar: Je niedriger die Außentemperatur, desto feiner sollte die Körnung des Schleifpapiers sein. Allerdings dürfen die Kufen nie spiegelglatt poliert werden, da dies den Schlitten bremsen würde. Warum? Unter dem Gewicht und der Geschwindigkeit des Schlittens bildet sich zwischen Kufe und Schnee ein dünner Wasserfilm. Eine zu glatte Kufe würde nun dafür sorgen, dass Kufe und Schnee einander ansaugen, ähnlich wie bei zwei Glasscheiben mit ein wenig Wasser dazwischen. Durch den Ansaugeffekt würde der Schlitten gebremst. Arbeitet man dagegen mit einer etwas gröberen Körnung, bleiben winzige Unebenheiten auf der Kufe zurück, wodurch sich Luft zwischen Kufe und Schnee befindet. Der Wasserfilm kann den Schlitten nicht ansaugen und man fährt schneller bergab.

Bretter, die die Welt bedeuten

Wenn die Elfen des Weihnachtsmanns am Nordpol auf ihren Skiern unterwegs sind, dürften einige Rekorde purzeln. Doch auch Menschen vollbringen auf Skiern schier Unglaubliches. Ein Blick auf die krassesten Skirekorde.

Weitester Skisprung: 253,5 Meter (offiziell), 291 Meter (inoffiziell)

Der offizielle Weltrekord im Skifliegen mit 253,5 Metern wird vom Österreicher Stefan Kraft gehalten. Er stellte ihn 2017 auf dem Vikersundbakken in Norwegen auf, der größten Skiflugschanze der Welt – deshalb auch »Monsterbakken« genannt. Die Schanzengröße (Hillsize) beträgt 240 Meter. Zum Vergleich: Die Olympiaschanze in Garmisch-Partenkirchen hat eine Hillsize von 140 Metern.

Technisch sind noch weitere Sprünge möglich. Das bewies der Japaner Ryōyū Kobayashi, der auf einer temporären Red-Bull-Schneeschanze im isländischen Akureyri im April 2024 sagenhafte 291 Meter weit sprang. Allerdings außerhalb eines offiziellen Wettbewerbs.

Beim Skifliegen steigt der Adrenalinpegel auf das 20-Fache des Normalzustandes und ist genauso hoch wie bei Menschen mit Todesangst. Übrigens, was du wahrscheinlich noch nicht wusstest: Bis ich 15 Jahre alt war, war ich selbst Skispringer und bin damals immerhin von einer 80-Meter-Schanze gesprungen. Es war zwar wirklich extrem geil, aber trotzdem hatte ich selbst dort schon immer ein sehr mulmiges Gefühl.

Schnellster Fahrer auf Skiern: 255,5 Kilometer pro Stunde

Den aktuellen Rekord im Geschwindigkeitsskifahren mit 255,5 Kilometern pro Stunde stellte der Franzose Simon Billy im Jahr 2023 auf. In seinem Anzug steckten an den Waden künstliche Verlängerungen, um Strömungswirbel zu verhindern, die ansonsten Geschwindigkeit und Stabilität kosten. Die Geschwindigkeit der meisten Freizeitskifahrer liegt etwa bei 50 Kilometern pro Stunde.

Höchster Abfahrtspunkt einer Skiabfahrt: 8848 Meter, Mount Everest

Die erste vollständige Abfahrt vom Gipfel des Mount Everest gelang dem Slowenen Davo Karnicar im Jahr 2000. Er fuhr sechs Stunden lang, bis er das Basislager in 5340 Meter Höhe erreichte.

Längste Weltcup-Abfahrt: 4415 Meter

Mit 4415 Metern ist die Lauberhorn-Abfahrt in der Schweiz die längste Abfahrt des Internationalen Skiverbands (FIS). Die offizielle dort in einem Rennen gefahrene Höchstgeschwindigkeit liegt bei 161,9 Kilometern pro Stunde und wurde 2013 vom Franzosen Johan Clarey erzielt. Die schnellste Durchschnittsgeschwindigkeit von 106,33 Kilometern pro Stunde erzielte der Italiener Kristian Ghedina 1997. Er brauchte für die Strecke nur 2:24,23 Minuten.

Längste zurückgelegte Strecke auf Skiern in 24 Stunden: 476 Kilometer

Dieses Kunststück gelang dem Norweger Eirik Asdoel 2021 auf einem 5-Kilometer-Rundkurs. Und, wie oft ist er den Rundkurs gefahren? Du hast 10 Sekunden, um es auszurechnen.

Seit wann fahren Menschen Ski?

- ☐ A: Das Skifahren wurde im Mittelalter von Bergbauern in den Alpen erfunden.
- ☐ B: Schon die Steinzeitmenschen waren auf Skiern unterwegs.
- ☐ C: Im 18. Jahrhundert machten die ersten Polarexpeditionen das Skifahren populär.
- ☐ D: Der norwegische König Erik I., auch die Blutaxt genannt, rüstete um 930 seine Armee mit Skiern aus, um auf seinen Feldzügen schneller auf dem verschneiten Land voranzukommen.

Es werde Kerzenlicht

Advent, Advent, ein Lichtlein brennt. Ob am Adventskranz oder am Weihnachtsbaum, Kerzen gehören zur Weihnachtszeit einfach dazu. Heute werfen wir gemeinsam einen Blick in die wirklich seltsame Physik und Chemie der Wachslichter.

Schaut man sich eine Kerzenflamme genauer an, ist die Flamme selbst zwar gelb oder orangefarben, nah am Docht schimmert sie jedoch blau. Warum ist das so? Verantwortlich dafür ist die sogenannte Chemilumineszenz, also eine Lichterscheinung, die durch eine chemische Reaktion erzeugt wird.

Damit eine Kerze brennen kann, benötigt sie einen Brennstoff – meist Wachs. Wachs besteht aus Kohlenwasserstoffen, die am Docht zu Kohlenstoffdioxid und Wasser verbrennen. Allerdings nicht nur. Bei der Reaktion entstehen unter anderem auch CH-Moleküle und molekularer Kohlenstoff C_2. Diese Teilchen senden Licht in einer bestimmten Wellenlänge aus. Die stärkste Emission des CH-Moleküls liegt bei einer Wellenlänge von 432 Nanometern. Das entspricht der Farbe Blau. Die C_2-Moleküle senden Licht mit einer Wellenlänge von 436, 475 und 520 Nanometern, was farblich ebenfalls Blautönen sowie einigen Grüntönen entspricht. Insgesamt erstrahlt der untere Bereich der Reaktionszone einer Kerze daher in einem blauen Licht.

Eigentlich ist sogar die gesamte Flamme blau. Doch weiter oben wird das Blau von glühenden Rußpartikeln überstrahlt. Sie entstehen, weil die Verbrennung der Kohlenstoffteilchen nicht vollständig und damit nicht »sauber« ist. Pustest du die Kerze aus, werden die Rußpartikel als Rauch sichtbar.

Gut zu wissen

Eine Kerze ist direkt am Docht »nur« 600 Grad Celsius warm. Im Außenbereich der Flamme werden Temperaturen von 1400 Grad Celsius erreicht.

Das Flackern von Kerzen wird durch ein Defizit bei der Wachszufuhr am Docht ausgelöst, meist weil der Docht zu lang geworden ist und das flüssige Wachs die Reaktionszone nicht schnell genug erreicht. Mit der schwächer werdenden Flamme bricht auch die Konvektionsströmung der heißen und kalten Luft ab, wodurch die Flamme zu flackern beginnt. Bei flackernden Kerzen kannst du also versuchen, den Docht zu kürzen.

Bevorzugst du ökologische Alternativen zu klassischen Stearin-/Paraffin-/Palmölkerzen, kannst du zu Kerzen aus nachhaltig erzeugtem Bienenwachs greifen. Um 1 Kilogramm Bienenwachs zu produzieren, muss ein Bienenvolk etwa ein Jahr lang arbeiten. Bei diesem Wachs handelt es sich um ausgehärtete Ausscheidungen der arbeitenden Honigbiene. Daher sind diese Kerzen auch entsprechend teurer.

Die größte Kerze der Welt wurde anlässlich der Weltausstellung 1897 in Stockholm gefertigt. Sie war 24,38 Meter hoch und hatte einen Durchmesser von 2,59 Meter.

An Bord der Internationalen Raumstation (ISS) nimmt die Flamme einer Kerze die Form einer Kugel an. Die typische Tropfenform einer Kerze auf der Erde entsteht durch den Luftstrom, der warme Luft nach oben trägt und kalte Luft nachzieht. Dieser Luftstrom fehlt in der Schwerelosigkeit an Bord der ISS, die Flamme wird daher rund. Sie brennt auch nicht orange, sondern ist komplett blau. Da die Verbrennung sehr viel langsamer und dadurch vollständiger abläuft, entstehen auch kaum Rußpartikel, die unter normalen Bedingungen auf der Erde anfangs orange glühen und die Flamme entsprechend färben.

Deine Tagesaufgabe: Versuche, eine Kerze am Rauch wieder anzuzünden.

Zünde dafür eine Kerze an und lasse sie für ein bis zwei Minuten brennen. (Wenn du ein Kind bist: dieses Experiment nur unter Aufsicht deiner Eltern durchführen!) Puste die Kerze aus. Halte dann einfach ein brennendes Streichholz oder ein Feuerzeug in den Rauch. Die wieder entzündeten Rußpartikel lösen dabei eine Kettenreaktion aus, durch die weitere Rußpartikel, die vom Docht aufsteigen, Feuer fangen. Es sieht so aus, als würde die Flamme an den Docht zurückspringen. Wingardium Levio…! Ach halt, das war der Zauber zum Schweben.

Experiment geglückt?	☐ Ja	☐ Nein
Haus abgefackelt?	☐ Ja	☐ Nein

Advent, Advent, mein Iglu brennt ... oder nicht?!

Stell dir vor, du besuchst den Weihnachtsmann am Nordpol und darfst bei ihm in einem Iglu übernachten. Und jetzt stell dir vor, es ist richtig, richtig kalt. Wie dick muss die Wand des Iglus mindestens sein, damit du in einer −40 Grad Celsius kalten Polarnacht nicht erfrierst?

Theoretisch reicht die reine Körperwärme eines Menschen tatsächlich aus, um ein Iglu auf über 5 Grad Celsius zu heizen und damit Schmelzprozesse in Gang zu setzen. Doch dein Iglu leitet Wärme ja auch von innen nach außen ab. Verantwortlich dafür sind die Wärmeleitfähigkeit des Schnees, seine Wärmekapazität, der Wärmeübergangskoeffizient und die Dichte des Igluschnees. Wie dick muss nun die Hülle eines Iglus gebaut sein, damit die Innentemperatur in einer langen Polarnacht (−40 °C) dank deiner Körpertemperatur und der Wärmestrahlung einer kleinen Öllampe, wie die Inuit sie benutzen, nicht unter −10 Grad Celsius sinkt?

Folgende Daten sind uns bekannt:

Unser Iglu hat eine Wandfläche von $56,5\,m^2$.

Die Wärmeleitfähigkeit von Schnee liegt bei $0,55\,\dfrac{W}{m \cdot K}$

Der Wärmeübergangskoeffizient innen und außen beträgt $25\,\dfrac{W}{m^2 \cdot K}$

W steht dabei für Watt, m für Meter und K für Kelvin, also die Basiseinheit der Temperatur. Folglich lautet die Einheit für die Wärmeleitfähigkeit »Watt pro Meter und Kelvin«.

Der Wärmeübergangskoeffizient gibt die Wärmedurchlässigkeit auf Basis der Wärmeleitung eines bestimmten Stoffes – hier: Schnee – an.

Unsere beiden Heizquellen – menschlicher Körper und Öllampe – geben Wärme mit einer Leistung von 800 Watt ab, wobei auf den menschlichen Körper im Ruhezustand rund 100 Watt entfallen. Das wiederum bedeutet, dass im Iglu 14,16 Watt Wärmeenergie pro Quadratmeter abgegeben werden:

$$\frac{800\,W}{56,5\,m^2} = 14,6\,\frac{W}{m^2}$$

Damit das Iglu warm bleibt, muss der Energiestrom der Wärmequellen mindestens so groß sein wie der Verlustenergiestrom. Wie groß dieser ist, können wir mit der folgenden Formel berechnen:

$$\frac{14{,}16\ \frac{W}{m^2}}{-10\ °C - (-40\ °C)} = 0{,}472\ \frac{W}{m^2 \cdot K}$$

Um die Stärke der Igluwand zu bestimmen, die wir brauchen, um nicht zu erfrieren, müssen wir nun einfach noch den Wärmedurchleitungskoeffizienten mit der Wärmeleitfähigkeit des Schnees und dem Wärmeübergangskoeffizienten in Relation setzen und nach der Wanddicke auflösen:

$$\text{Wanddicke} = 0{,}55\ \frac{W}{m \cdot K}\left(\frac{1}{0{,}472\ \frac{W}{m^2 \cdot K}} - \frac{1}{25\ \frac{W}{m^2 \cdot K}} - \frac{1}{25\ \frac{W}{m^2 \cdot K}}\right) = 1{,}12\ m$$

Eine 1,12 Meter dicke Schneewand würde also dafür sorgen, dass die Temperatur in einem von Mensch und Inuitöllampe konstant mit 800 Watt beheizten Iglu bei einer Außentemperatur von −40 Grad Celsius nicht unter eine Temperatur von −10 Grad Celsius sinkt.

Wie heißt eigentlich die Öllampe, mit der die Inuit in ihren Iglus früher heizten?

☐ A: Quilt ☐ B: Qulliq ☐ C: Quinar ☐ D: Quirk

LÖSUNG

Die richtige Antwort ist diesmal B, Qulliq. Dabei handelt es sich um eine kleine steinerne Schale, die den Inuit als Heizung und zum Erwärmen von Speisen diente. Als Brennstoff wurde Öl verwendet, das die Inuit aus dem Fettgewebe von Robben und Walen gewannen. Der Docht wurde aus Moos oder Torf gedreht. Heute wird der Qulliq nur noch aus traditionellen Anlässen verwendet.

Warum du eine Wunderkerze nicht auspusten kannst

Weihnachten ist das Fest der Lichter. Ein ganz besonders schönes Licht geben Wunderkerzen mit ihrem funkelnden Feuersternenregen ab. Wie dieser zustande kommt und warum Wunderkerzen im Bündel sogar unter Wasser brennen, erfährst du heute.

Wann genau die Wunderkerze entwickelt wurde, weiß niemand sicher. Zugeschrieben wird die Erfindung dem Byzantiner Kallinikos von Heliopolis, der im 7. Jahrhundert nach Christus lebte. Feuer scheint eine der Leidenschaften des Erfinders gewesen zu sein, denn neben der Wunderkerze gilt er auch als Erfinder des sogenannten Griechischen Feuers, einer recht erfolgreichen Brandwaffe in den damaligen Seekriegen. Für das Griechische Feuer hatte Kallinikos eine brennbare Flüssigkeit entwickelt, die sich mit verschiedenen Spritzensystemen in Richtung gegnerischer Schiffe schießen ließ. Die Reichweite betrug allerdings nur wenige Meter.

Da sich die Flüssigkeit, deren Zusammensetzung streng geheim war, nur schwer oder kaum löschen ließ – genauso wie eine Wunderkerze –, richtete das Griechische Feuer in der Regel großen Schaden an und sicherte Byzanz mehr als 300 Jahre lang die Vorherrschaft im östlichen Mittelmeerraum. Ob Kallinikos Teile seiner Wunderkerzenmischung auch schon beim Griechischen Feuer verwendete?

Heute und hierzulande bestehen Wunderkerzen typischerweise aus dem Oxidationsmittel Bariumnitrat (50 Prozent), aus Eisenpulver (30 Prozent, das macht die Funken), aus Aluminiumpulver (10 Prozent, das ist ein leicht brennbares Metall) und Dextrin (10 Prozent, als Bindemittel der Stoffe).

Der Draht der Wunderkerze besteht aus Stahl, der erst bei Temperaturen zwischen 1425 beziehungsweise 1540 Grad Celsius schmelzen würde, je nach Legierung. Dass man sich nicht die Finger am Draht verbrennt, liegt vor allem daran, dass die Hitze einerseits nur kurzzeitig auf einem bestimmten Punkt wirkt und andererseits die hohe Wärmeleitfähigkeit des Stahls dafür sorgt, dass die entstehende Wärme schnell abgeleitet und durch den Kontakt mit der Umgebungsluft abgekühlt wird. Der Draht wird daher am Haltepunkt nicht heiß.

Wähle aus den folgenden vier Antworten die richtige oder die richtigen aus:
Eine Wunderkerze lässt sich nicht auspusten, weil ...

☐ A: ... sie beim Verbrennen ihren eigenen Sauerstoff produziert.

☐ B: ... der reine Sauerstoff die Verbrennung zusätzlich anheizt.

☐ C: ... die Temperatur so hoch ist, dass Pusten einfach nicht ausreicht, um die Verbrennung zu stoppen.

☐ D: ... es sich um einen chemischen Prozess handelt, bei dem Metall verbrannt wird.

💡 LÖSUNG

Alle vier Antworten sind richtig. Tatsächlich produziert die Wunderkerze bei ihrer Verbrennung reinen Sauerstoff, der die chemische Reaktion zusätzlich anheizt. Das Bariumnitrat zersetzt sich bei hoher Hitze zu Bariumoxid, Stickstoff, Stickstoffmonoxid und eben Sauerstoff. Außerdem werden durch die Verbrennung CO_2 und gasförmiges Wasser freigesetzt. Diese Gase sorgen dafür, dass die mittlerweile glühenden Eisenfunken von der Kerze weggeschleudert werden. Die Temperatur der chemischen Reaktion beträgt bis zu 1100 Grad Celsius. Bündelt man Wunderkerzen, brennen sie dank der Eigenversorgung des Feuers mit Sauerstoff sogar unter Wasser oder im Vakuum – wichtig zu wissen für dein nächstes Silvester unter Wasser oder außerhalb der Erdatmosphäre

Der seltsame Stern von Bethlehem

Du denkst, der Stern von Bethlehem sei einfach nur ein Mythos? Nein, es war möglicherweise ein reales Himmelsereignis! Über drei Theorien zum Stern von Bethlehem streitet seit jeher die Wissenschaft. Welche sind das? Und könnte der »Stern von Bethlehem« bald wieder am Himmel zu sehen sein?

Der Stern von Bethlehem, der plötzlich hell am Himmel erstrahlte, wies bekanntlich den Weisen aus dem Morgenland den Weg zu Jesus. Seit Jahrhunderten rätseln Wissenschaftler, ob sich hinter der Geschichte ein reales Himmelsereignis verbirgt. Drei Theorien sind dabei in den Fokus gerückt:

Die Kometentheorie: Einige Astronomen glauben, dass es sich beim Stern von Bethlehem um einen außergewöhnlich hellen Kometen gehandelt haben könnte, der um 7 bis 6 vor Christus am Himmel erschien – also in den Jahren, in denen die Geburt von Jesus vermutet wird. Berechnungen zeigen, dass der Halley'sche Komet tatsächlich in den Jahren 6 bis 5 vor Christus besonders hell und auffällig am Himmel erschienen sein muss. War der Stern von Bethlehem also möglicherweise der Halley'sche Komet? Das nächste Mal soll dieser Komet am 28. Juli 2061 an der Erde vorbeifliegen.

Die Konjunktionstheorie: Andere Forscher argumentieren, dass es sich bei dem Ereignis um eine seltene Konjunktion der Planeten Jupiter und Saturn gehandelt habe, die sogenannte Große Konjunktion. Konjunktion heißt in diesem Zusammenhang, dass Planeten am Nachthimmel so nah beieinanderstehen, dass sie beinahe als ein großer Stern wahrgenommen werden und entsprechend auffällig strahlen können. Berechnungen zeigen, dass es um 7 vor Christus eine solche beeindruckende Planetenkonstellation gab. Und wenn du mir schon länger folgst, erinnerst du dich sicher, dass die letzte Große Konjunktion im Dezember 2020 stattfand. Leider war es damals aber in weiten Teilen Deutschlands bewölkt. Die nächste wird am 31. Oktober 2040 zu sehen sein. Im Dezember erleben wir eine Große Konjunktion erst wieder im Jahr 2080.

Die Supernova-Theorie: Eine dritte Hypothese besagt, dass der Stern von Bethlehem eine Supernova, also eine explodierende Riesensonne, gewesen sein könnte. Supernovae sind extrem hell und können monatelang am Himmel stehen. Belege aus der Zeit dazu sind jedoch Mangelware. Ein weltweit höchst beeindruckendes Ereignis wie eine Supernova, da sind sich die Forscher sicher, wäre besser und häufiger dokumentiert.

Als wahrscheinlichste Theorie gilt daher aktuell die Konjunktionstheorie.

Deine Tagesaufgabe: Finde Jupiter und Saturn am Nachthimmel!

Im Dezember gehören Jupiter und Saturn neben lichtstarken Wintersternbildern wie Orion, Stier oder Großer Hund zu den dominierenden Objekten am Nachthimmel. 2024 solltest du nicht zu spät auf Beobachtung gehen, denn der Saturn bereitet sich bereits ab 22 Uhr darauf vor, wieder unterzugehen. Der Jupiter dagegen leuchtet im Dezember 2024 die gesamte Winternacht hindurch – du findest ihn in der Nähe des Sternbildes Orion, das du an den markanten Gürtelsternen erkennst. Saturn dagegen gehört zum Sternbild Wassermann, das wegen der Vielzahl an Sternen leider nicht so leicht zu erkennen ist. Bis 2028 lassen sich die beiden Planeten am Winterhimmel gut beobachten. Für den Rest musst du die jeweils aktuellen Sternenkarten checken, da sich Zeiten der Sichtbarkeit und Standorte der Planeten mit jedem Jahr leicht verändern.

Deine Checkliste für heute Nacht

☐ Ein dunkler Beobachtungsort

☐ Eine aktuelle Sternenkarte auf deinem Smartphone (ich persönlich nutze dafür die App Stellarium)

Jupiter und Saturn gefunden?

☐ Ja

☐ Nein

Hier ist noch Platz für Sternbilder und weitere Planeten, die du dank deiner Sternenkarte gesehen hast:

_____

_____

_____

_____

_____

Weihnachten im Weltall

Nicht nur auf der Erde, sondern auch im All wird Weihnachten gefeiert, inklusive Truthahnmenü und Weihnachtsplätzchen. Heute überrascht dich dein Wissensbert-Premium-Adventskalender mit sieben fröhlichen Weltraumweihnachtsfakten.

1. 2010 wurden die Astronauten der Internationalen Raumstation (ISS) in der Früh mit Weihnachtsgeschenken überrascht, die sich neben ihren »Betten« befanden. War Santa Claus etwa bei ihnen vorbeigekommen? Fast. Die Familien der Astronauten hatten in Kooperation mit der NASA heimlich Geschenke für alle vorbereitet und diese waren von einer vorherigen Mission bereits an Bord gebracht worden. Eine gelungene Bescherung im All.

2. 2018 wurden die Astronauten der ISS an Weihnachten mit einem Festtagsessen beliefert. Eine SpaceX-Rakete brachte Truthahn mit Bohnenauflauf, kandierte Süßkartoffeln und Preiselbeersauce an Bord. Als Dessert gab es obendrein Obstkuchen und Spritzgebäck.

3. In vielen westlichen Ländern ist es ja üblich, dem Weihnachtsmann als Dankeschön ein paar Plätzchen unter den Weihnachtsbaum zu legen. 2019 wurden an Bord der ISS erstmals Weihnachtsplätzchen gebacken. Die Astronauten benutzten dafür einen speziellen Zero-G-Ofen. Während auf der Erde die Plätzchen bei Temperaturen von 300 Grad Celsius und einer Backzeit von zwei Stunden kohlrabenschwarz geworden wären, waren diese Angaben für das Weltall genau richtig. Am Ende waren die fünf Plätzchen, die dabei herauskamen, allerdings nicht für den Weihnachtsmann bestimmt. Das Gebäck wurde zurück zur Erde geschickt, um es dort zu untersuchen.

4. Wie viele Weihnachts-LEDs müsste man mindestens auf seinem Dach installieren, damit das Haus vom Weltall aus von den Astronauten der ISS gesehen werden könnte? 2017 widmeten sich Astrophysiker von der Universität Leicester dieser Frage und fanden heraus, dass bereits eine Menge von 2683 LED-Lichtern mit je 4 Lumen Lichtstrom ausreichen könnte. Voraussetzung dafür ist allerdings eine Lichtverschmutzung von 0 rund um das Haus. Und wo gibt's das schon.

5. Die ersten Menschen, die Weihnachten im Weltall verbrachten, waren die Astronauten der Apollo-8-Mission. Frank Borman, Jim Lovell und William Anders starteten am 21. Dezember 1968 und landeten sechs Tage später wieder auf der Erde. Auf dieser Mission entstand auch das berühmte Bild des Erdaufgangs über dem Mond.

6. Von 1973 bis 1979 befand sich die erste und bisher einzige rein US-amerikanische Raumstation im All. Gleich im ersten Jahr stellten sich die Astronauten dort auch einen Weihnachtsbaum auf. Der bestand jedoch nicht aus Holz und Nadeln, sondern aus leeren Essensdosen. Das nenn ich mal Upcycling!

Am 16. Dezember 1965 meldeten die Astronauten der Gemini-6-Mission Walter Schirra Jr. und Thomas Stafford an Mission Control eine UFO-Sichtung. Wenig später gaben die Astronauten sogar an, ein Signal des UFOs empfangen zu haben. Sie übertrugen es Richtung Erde. Dort hörte man ein Musikstück, das verdächtig nach einem bekannten Weihnachtshit klang. Welcher war es?

☐ A: Jingle Bells

☐ B: White Christmas

☐ C: Santa Baby

☐ D: Frosty The Snowman

 **LÖSUNG**

Es war der Klassiker »Jingle Bells«. Die richtige Antwort ist also A. Die Astronauten hatten sich in der Weihnachtszeit tatsächlich einen Spaß erlaubt. Die Instrumente – eine Mundharmonika und ein Schellenband – hatten sie ohne Wissen von Mission Control heimlich an Bord geschmuggelt. Dafür gab es dann auch einen ordentlichen Rüffel.

Pfeif auf Weihnachten!

In der Weihnachtszeit kommt man an Orgelkonzerten nicht vorbei. Hier einige bemerkenswerte Fakten über eines der erstaunlichsten Instrumente der Welt.

1. Das erste orgelähnliche Instrument wurde bereits 246 vor Christus im heute ägyptischen Alexandria konstruiert.

2. Während der Arenakämpfe im alten Rom, bei denen auch Christen getötet wurden, spielten die Römer zur Unterhaltung Orgelmusik ein. Im frühen Christentum war die Orgel daher alles andere als beliebt.

3. Die größte spielbare Orgel der Welt steht im ehemaligen Kaufhaus Wanamaker in Philadelphia in den USA, heute ein Macy's Department Store. Sie hat 28.750 Pfeifen. Zum Vergleich: Die Querhausorgel des Kölner Doms verfügt über 7274 Pfeifen. Um die Wanamaker-Orgel spielen zu können, sind ein Organist sowie neun Wind-, Unterdruck- und Umformermotoren mit insgesamt 168 PS notwendig. Das Pfeifenwerk erstreckt sich über insgesamt fünf Stockwerke. Die größte Pfeife ist fast 10 Meter lang. Die kleinste misst nicht einmal einen Zentimeter. Größer als die Wanamaker-Orgel ist lediglich die Orgel der Atlantic City Convention Hall, allerdings ist sie nur teilweise spielbar.

4. Die lauteste Orgel der Welt ist die sogenannte Vox Maris in Südkorea. Die Freiluftorgel kommt auf eine Lautstärke von 138,4 Dezibel und ist damit sogar das lauteste Instrument der Welt. Sie ist damit ungefähr so laut wie ein Düsenjet beim Start in 50 Meter Entfernung.

5. Die älteste heute noch erhaltene Orgel der Welt befindet sich in der Schweiz. Sie steht in der Domkirche von Valère und enthält noch immer Teile (Gehäuse und Register) aus dem Jahr 1435.

6. Orgelpfeifen können von innen schimmeln. Sie müssen daher regelmäßig gereinigt werden. Nicht nur, weil die Töne durch den Schimmel in der Pfeife gedämpft oder verändert werden, sondern auch, weil die Schimmelpilzsporen beim Spielen der Orgel für alle in der Kirche gesundheitsschädlich sind.

7. Ein seltsames Phänomen bei Orgeln ist, dass sich die Luftströme, die durch die Orgelpfeifen geblasen werden, um die Töne zu produzieren, miteinander koppeln können. Das hängt unter anderem mit der akustischen Querkraft, sphärischen Schallwellen und dem Oszillatorprinzip zusammen. Je nachdem, welche Kraft und Ausgestaltung die physikalischen Kräfte des Luftstroms haben, kann es zum Beispiel passieren, dass zwei Pfeifen zusammen nicht etwa lauter klingen als eine einzelne Pfeife, sondern mitunter sogar leiser. Durch die genannten physikalischen Kräfte kommt zu einem Kopplungsmechanismus der Pfeifen, also zu einer Synchronisation. Um diese aufzulösen, kann zum Beispiel zwischen den Pfeifen Abstand geschaffen werden. Allerdings muss es der richtige sein. Die Formel »Je weiter voneinander weg, desto geringer die Synchronisation« gilt nicht. Es kann vorkommen, dass bei einem Abstand von einem Meter keine Synchronisation mehr vorhanden ist, diese bei zwei Meter Abstand allerdings wieder auftaucht. Der Effekt der Synchronisation kann auch bei Pfeifen mit unterschiedlicher Tonfrequenz auftreten. Die Pfeifen »einigen« sich im Spiel dann auf eine gemeinsame Frequenz.

8. In der Klosterkirche Alpirsbach gibt es eine sogenannte schwebende Orgel, die auf einem Luftkissen durch die Kirche bewegt werden kann.

9. Der Klang von Orgeln unterscheidet sich je nach Region. Forscher haben herausgefunden, dass die Orgeln dabei so gestimmt wurden, dass sie dem regionalen Dialekt ähneln.

10. Das längste Orgelkonzert der Welt begann im Jahr 2001 in Halberstadt und soll erst im Jahr 2640 beendet sein. Dabei werden die einzelnen Töne des Stückes »ORGAN2/ASLSP« (As Slow as Possible) des Komponisten John Cage bis zu zwei Jahre lang gespielt.

Deine Tagesaufgabe: Heute Abend heißt es für dich: früh ins Bett gehen und ausschlafen, denn morgen erwartet dich hinter deinem Adventskalendertürchen eine lange Nacht.

Deine Checkliste für den Abend

☐ Geh so zeitig ins Bett, dass du mindestens acht bis neun Stunden Schlaf bekommst.

☐ Eine Stunde bevor du ins Bett gehst, bitte das Handy weglegen (lässt dich zur Ruhe kommen) und den Fernseher ausschalten. So bekommst du kein blaues Licht mehr ab – das stresst nämlich deine Augen und lässt dich nicht müde werden.

☐ Rechtzeitig lüften für eine gute Sauerstoffkonzentration bei einer optimalen Schlafzimmertemperatur von 16 bis 18 Grad Celsius.

☐ Ein Tee aus Baldrianwurzel, Melissen-, Pfefferminzblättern oder Passionsblumenkraut kann beruhigend und einschlaffördernd wirken. Trinke keine alkoholischen oder koffeinhaltigen Getränke nach 17 Uhr!

Wünsch dir was! Denn heute regnet es Sternschnuppen.

Immer im Dezember lässt sich für ein paar Tage der stärkste Meteorstrom des Jahres beobachten: die Geminiden. Heute erfährst du, woher die fantastischen Sternschnuppen kommen. Ob sie uns gefährlich werden können. Und wann und wo du sie am besten beobachten kannst.

Im Gegensatz zu den meisten anderen Meteorschauern, die von Kometen stammen, haben die Geminiden ihren Ursprung in einem Asteroiden, genauer gesagt, im Asteroiden 3200 Phaethon. Phaethon wurde 1983 entdeckt und hat eine stark elliptische Umlaufbahn, die ihn mit einer Geschwindigkeit von bis zu 400.000 Kilometern pro Stunde näher an die Sonne bringt als die meisten anderen Asteroiden. Wenn Phaethon der Sonne nahekommt, erhitzt er sich und beginnt zu zerfallen, wobei er Staub und Trümmer hinterlässt. Diese Trümmerwolke ist die Quelle der Geminiden. Wenn die Erde jedes Jahr zum gleichen Zeitpunkt durch diese Wolke zieht, treten die Trümmerpartikel in die Erdatmosphäre ein und erzeugen den berühmten Sternschnuppenregen.

In den letzten Jahren ist die Aktivität der Geminiden immer stärker geworden. Mit bis zu 150 und sogar 200 Sternschnuppen pro Stunde sind die Geminiden der wohl spektakulärste Meteorschauer des Jahres. Da konnten in der Vergangenheit nicht einmal die Perseiden im August mithalten. Wenn du mich fragst, sind die Perseiden sowieso overhyped. Die Geminiden waren bislang immer stärker und zuverlässiger.

Ihren Namen haben die Geminiden ihrem Radianten zu verdanken. Der Radiant ist der Punkt, aus dem die Sternschnuppen am Himmel herausflitzen. Im Fall der Geminiden ist es das Sternbild Zwilling, auf Latein gemini. In unseren Breiten findest du das Sternbild mit den beiden hellen Sternen Castor und Pollux zur Winterjahreszeit am südlichen Abendhimmel. Großer Vorteil ist, der Radiant steht schon nach der Dämmerung recht hoch am Himmel, man kann also bequem schon vor Mitternacht schauen und muss nicht extra lang wach bleiben (bei den Perseiden ist der Höhepunkt nachts um 3 Uhr). Die Geminiden sind bereits ab 7. Dezember zu beobachten, steigern sich langsam und erreichen ihren Höhepunkt heute, also in der Nacht vom 13. auf den 14. Dezember. Danach fallen sie rasch ab und am 20. Dezember hat die Erde die Geminiden-Wolke schließlich passiert.

Die Partikel, die wir als Sternschnuppen sehen, sind meist nur wenige Millimeter groß und können daher nicht gefährlich werden. Um die Erde zu erreichen, müsste ein Meteorit schon mehrere Zentimeter groß sein. Funfact: Der Geminidenstaub ist etwa zehnmal dichter als der Staub bei anderen Meteorströmen, eben weil das Material nicht von einem Kometen, sondern einem Asteroiden stammt – gut für uns! Denn je schwerer das Partikel ist, desto länger leuchtet es.

Das Licht einer Sternschnuppe stammt übrigens nicht davon, dass Gestein heiß wird und glüht, wie es oft verkürzt dargestellt wird. Verantwortlich für die Lichtstrahlung ist das sogenannte Rekombinationsleuchten. Es setzt in einer Höhe von 130 bis 80 Kilometern ein, wenn die Staubteilchen durch die Reibung mit den Luftteilchen eine Temperatur von über 2000 Grad Celsius erreichen. Dabei bildet sich um den Partikelkörper schließlich eine heiße Gashülle. Dieses Gas wird durch Zusammenstöße mit den Molekülen der Luft ionisiert und gibt die hinzugewonnene Energie wieder in Form von Photonen ab, die wir als das Leuchten der Sternschnuppe sehen können.

Deine Tagesaufgabe: Entdecke heute mindestens 24 Sternschnuppen am Nachthimmel und zeichne deine eigene Sternkarte.

Deine Checkliste

☐   Eine Thermoskanne mit heißem Tee herrichten und ultrawarme Sachen anziehen.

☐   Einen dunklen Ort in der Nähe suchen, an dem es möglichst keine Lichtverschmutzung durch Stadtlichter gibt. Ideal wäre eine kleine Anhöhe oder ein weites Feld, über dem sich der Himmel öffnet. Viele Sternschnuppen sind von dort aus bereits nach Sonnenuntergang bis Mitternacht zu beobachten, da der Radiant der Geminiden schon früh am Himmel aufgeht.

☐ Am Nachthimmel das Sternbild Zwillinge lokalisieren. Zu erkennen ist es an den beiden hellen Fixsternen Castor und Pollux. Castor, der höher steht als Pollux, ist der Ort, aus dem die Sternschnuppen zu kommen scheinen. Am besten schaust du etwas rechts vom Stern in den Himmel.

☐ Falls du dein Handy zwischendurch benutzt – WICHTIG: nur mit niedrigster Bildschirmhelligkeit und idealerweise mit Blaulichtfilter! Sonst brauchen deine Augen zu lange, um sich wieder an die Dunkelheit zu gewöhnen.

Hier ist Platz für deine Strichliste, wie viele Sternschnuppen du gesehen hast:

_____

☐ Wünsch dir was.

Stromfresser Weihnachten?

Weihnachten gilt als Stromfresser. Da leuchten die Lichterketten am Weihnachtsbaum, im Garten, am Haus oder auf dem Balkon. Beim Plätzchenbacken oder beim Braten der Weihnachtsgans schnellt der Stromverbrauch ordentlich in die Höhe. Und auch der Fernsehmarathon mit der Familie verbraucht natürlich Strom. Wie viel genau und was der Spaß kostet, das darfst du heute erraten.

Frage 1: Wie viele Weihnachtslichter brennen in der Weihnachtszeit in deutschen Haushalten?
Tipp: In Deutschland gibt es rund 41 Millionen Haushalte.

- H   102 Milliarden
- B   22 Milliarden
- W   380 Milliarden

Frage 2: Wie hoch ist der deutschlandweite Stromverbrauch für die Weihnachtsbeleuchtung im Dezember?
Tipp: Ein Vier-Personen-Haushalt verbraucht im Jahr zwischen 3000 und 4000 Kilowattstunden.

- E   622 Millionen Kilowattstunden
- O   298 Millionen Kilowattstunden
- A   1,2 Milliarden Kilowattstunden

Frage 3: Wie hoch ist der Anteil an echten Glühbirnen bei der Weihnachtsbeleuchtung gegenüber LED-Lichtern?

H   55 Prozent

R   20 Prozent

N   74 Prozent

Frage 4: Der Stromverbrauch einer LED-Lichterkette mit 5 Watt Leistung beträgt über die gesamte Advents- und Weihnachtszeit vom 1. Advent bis zum 8. Januar rund 1 Kilowattstunde. Wie oft könntest du mit dieser Energiemenge auf einem energieeffizienten 55-Zoll-TV meinen Lieblingsweihnachtsfilm *Der Polarexpress* (Laufzeit: 100 Minuten) ansehen?

O   30-mal

T   10-mal

S   80-mal

Wie lautet dein Lösungswort?

_ _ _ _
1 2 3 4

LÖSUNG

Frage 1: B – 22 Milliarden Lichter leuchten an Weihnachten. Pro Haushalt kommen etwa 6 Lichterketten, Fensterbilder oder Leuchtfiguren zum Einsatz.

Frage 2. E – Es sind rund 622 Millionen Kilowattstunden. Von der Energiemenge könnten rund 200.000 Haushalte ein Jahr lang versorgt werden. Das sind mehr, als es in Städten wie Duisburg oder Bochum gibt. Die Kosten für die Weihnachtsbeleuchtung belaufen sich auf rund 285 Millionen Euro.

Frage 3: R – Der Anteil echter Glühbirnen an der Weihnachtsbeleuchtung beträgt nur noch rund 20 Prozent. Die restlichen 80 Prozent entfallen auf energiesparendere LED-Birnen.

Frage 4: T – Der Verbrauch des Fernsehers liegt bei etwa 0,06 Kilowatt pro Stunde. Nach 16,67 Stunden hätten wir also einen Verbrauch von 1 Kilowattstunde erreicht. Legt man die Laufzeit des Films auf die Stunden um, landet man bei genau 10 Wiederholungen.

Nachhaltig Weihnachten feiern realistisch?

Weihnachtsbeleuchtung, Geschenkpapier, Tannenbaum, Weihnachtsgans … als klassisches Konsumfest verursacht Weihnachten an vielen Stellen einen spürbaren Fußabdruck. Doch wie groß ist der eigentlich und wie lässt sich Weihnachten nachhaltiger feiern? Ein paar Denkanstöße.

Tannenbaum: In Deutschland werden jedes Jahr rund 30 Millionen Weihnachtsbäume verkauft. Rund 80 Prozent davon sind Nordmanntannen, etwa 15 Prozent Blaufichten. Die Bäume wachsen in speziellen Plantagen etwa neun bis zehn Jahre. In dieser Zeit speichern sie CO_2. Importbäume stammen vor allem aus Dänemark. Und genau diese Bäume sind durch den Transport am schädlichsten fürs Klima. Während ein regionaler Baum auf einen CO_2-Fußabdruck von 3,1 Kilogramm kommt (Weg vom Händler bis zum Kunden ca. 5 Kilometer), sind es bei einem importierten durch die langen Transportwege ca. 12 Kilogramm CO_2 pro Baum. Weihnachtsbäume aus Plastik sind übrigens keine echte Alternative zu natürlichen Weihnachtsbäumen. Ihr CO_2-Fußabdruck liegt bei 48 bis 50 Kilogramm. Ein solcher Plastikbaum müsste daher mindestens 10 Jahre lang genutzt werden – und selbst dann bleibt immer noch die fehlende biologische Abbaubarkeit des Plastiks. Mietbäume im Topf sind ebenfalls keine gute Alternative, da die meisten Bäume den Umzug vom Kalten ins Warme nicht überleben.

Funfacts

- Viele der nach dem Fest ausrangierten Weihnachtsbäume landen als Elefantenfutter im Zoo.
- In jedem Weihnachtsbaum leben bis zu 25.000 Tiere. Dazu gehören Rindenläuse, Milben, Motten, kleine Spinnen und womöglich auch Zecken.

Lichterketten: Mittlerweile brennen rund 22 Milliarden Weihnachtslichter in deutschen Haushalten. Würden alle Lichter in der Weihnachtszeit mit reinem Ökostrom leuchten, würde das rund 234.500 Tonnen CO_2 einsparen. Pro Haushalt sind das immerhin rund 175 Kilogramm. Zum Vergleich: Der Gesamt-CO_2-Verbrauch in Deutschland liegt bei rund 11 Tonnen pro Person im Jahr. Am besten verwendet man für die Weihnachtsbeleuchtung LED-Lichterketten. Sie sparen gegenüber herkömmlichen Glühbirnen rund 90 Prozent Energie ein.

Geschenke und Geschenkpapier: Stell dir vor, jeder Erwachsene in Deutschland würde an Weihnachten eine Rolle Geschenkpapier verbrauchen. Insgesamt wären das rund 8,7 Millionen Kilogramm Papier. Eine 240-Liter-Papiertonne fasst etwa 20 Kilogramm Altpapier. Allein das Geschenkpapier an Weihnachten würde also rund 435.000 Papiertonnen füllen, die abgeholt und entsorgt werden müssten. Das entspricht aneinandergereiht einer 225 Kilometer langen Mülltonnenkette, also etwa der Strecke von Hamburg bis nach Berlin. Die Herstellung von 1 Kilogramm Papier verbraucht 50 Liter Wasser und 5 Kilowattstunden Energie, sprich insgesamt 435 Millionen Liter Wasser und 43,5 Millionen Kilowattstunden. Der Energiebedarf entspricht dem täglichen Bedarf einer Kleinstadt von 12.500 Einwohnern und der Wasserverbrauch dem von 340.000 Menschen an einem Tag. Recyceltes Papier verbraucht nur halb so viel Energie und sogar nur ein Drittel Wasser, besitzt also ein enormes Einsparpotenzial.

Weihnachtsessen: Auch in unserem Weihnachtsessen können ganz unterschiedliche CO_2-Äquivalente stecken. Selbst beim Weihnachtsklassiker Gänsebraten mit Rotkraut und Klößen tun sich erhebliche Unterschiede auf, je nachdem, ob man frische Ware oder Fertigprodukte verarbeitet oder ob man wirklich beim Geflügel bleibt und nicht zum Rinderbraten wechselt. Hier eine Übersicht, wie viel CO_2 bei der Produktion von 1 Kilogramm des jeweiligen Lebensmittels ausgestoßen wird.

Zutat	CO_2-Äquivalent	Unterschied
Frischer Rotkohl	0,2 kg/CO_2	ca. 71 %
Rotkohl aus dem Glas	0,7 kg/CO_2	
Klöße aus frischen Kartoffeln	0,2 kg/CO_2	ca. 78 %
Klöße aus Fertigpulver	0,9 kg/CO_2	
Geflügel	6 kg/CO_2	ca. 57 %
Rinderbraten	14 kg/CO_2	

Wie viel Kilogramm CO_2 werden eingespart, wenn alle 11,28 Millionen Einwohner Baden-Württembergs bei ihrem Weihnachtsessen auf frischen Rotkohl, frisch zubereitete Kartoffelklöße und Geflügel statt auf Fertigprodukte und Rinderbraten setzen? Ein Essen besteht dabei aus den folgenden Portionsgrößen: 250 Gramm Kartoffeln, 250 Gramm Rotkohl und 250 Gramm Ente bzw. Rinderbraten.

Dein Rechenweg:

_____

_____

_____

LÖSUNG

Es sind rund 26.000 Tonnen CO_2 eingespart. Pro Person werden 2,3 Kilogramm CO_2 eingespart (9,2 Kilogramm Unterschied beim CO_2-Äquivalent / 4). Die werden nun noch mit 11,28 Millionen multipliziert = 25.944 Tonnen. Das ist immerhin so viel CO_2, wie 12.000 Passagiere auf einem Hin- und Rückflug von Frankfurt nach New York ausstoßen.

Vorsicht, giftige Zimtsterne!?

Zimtstangen enthalten den Stoff Cumarin. Der sorgt jedoch nicht für den typischen Zimtgeschmack – er geht eher in Richtung Vanille –, sondern wirkt für Kleinkinder und zimtsensible Menschen bereits in geringen Dosen giftig. Doch nicht nur das: Spätestens seit der Cinnamon Challenge wissen wir, dass allergische Reaktionen durch Zimt sogar zum Tod führen können.

2015 starb der vierjährige Matthew Rader im US-Bundesstaat Kentucky, nachdem er in der Küche den Gewürzschrank geplündert und dabei eine größere Menge Zimt zu sich genommen hatte. 2016 fiel ein 13-Jähriger in den Niederlanden für fünf Tage ins Koma, nachdem er sich an der sogenannten Cinnamon Challenge – einem weltweiten Social-Media-Trend, bei dem man einen Löffel trockenes Zimtpulver herunterschlucken muss – versucht hatte. Er überlebte. Ein Jahr später hatte der 16-jährige Tim Rynders nicht so viel Glück. Er starb, nachdem er ebenfalls versucht hatte, einen Löffel Zimt ohne Wasser herunterzuschlucken. Denn was noch immer kaum jemand weiß: Das klassische Weihnachtsgewürz Zimt kann schwere allergische Reaktionen hervorrufen. Neben der Zimtallergie droht jedoch noch eine andere Gefahr: Minderwertiger Cassia-Zimt enthält den Giftstoff Cumarin, der Leberschäden hervorrufen kann. Und zwar schneller, als viele denken.

Was schätzt du, wie viele Zimtsterne ein Kind am Tag essen darf, um nicht vergiftet zu werden?

☐　A: 17　　　☐　B: 10　　　☐　C: 26　　　☐　D: 4

Tipp: Achte beim Kauf von Weihnachtsgebäck oder wenn du dein eigenes Gewürzregal auffüllen willst auf den Herkunftsnachweis »Ceylon-Zimt«. Er enthält weniger Cumarin als der günstigere Cassia-Zimt. Falls es keinen Herkunftshinweis gibt, kannst du zumindest an der Beschaffenheit von noch ganzen Zimtstangen erkennen, um welche Sorte es sich handelt. Zimt wird aus der Rinde des Zimtbaumes gewonnen. Bei Ceylon-Zimt besteht die Rinde aus vielen kleinen Schichten. Cassia-Zimt ist gröber und dunkler. Er besteht aus dickeren Schichten sowie einem typischen, deutlich definierten Hohlraum.

Deine Tagesaufgabe: Backe herrliche Zimtsterne ohne Zimt, von denen du beruhigt 1000 Stück essen kannst.

Zutaten für 50 Sterne:

3 Eiweiß

250 g Puderzucker

1 Pck. Vanillezucker

4 Tropfen Bittermandelaroma

1 TL selbstgemachtes Lebkuchengewürz

350 g gemahlene Mandeln

0 g Zimt

Und so geht's:

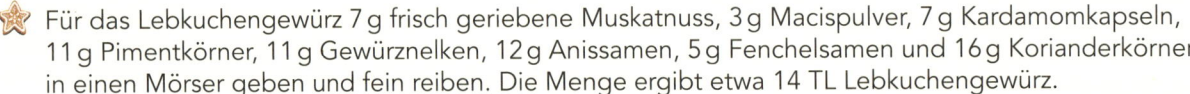 Für das Lebkuchengewürz 7 g frisch geriebene Muskatnuss, 3 g Macispulver, 7 g Kardamomkapseln, 11 g Pimentkörner, 11 g Gewürznelken, 12 g Anissamen, 5 g Fenchelsamen und 16 g Korianderkörner in einen Mörser geben und fein reiben. Die Menge ergibt etwa 14 TL Lebkuchengewürz.

Die Eiweiße zu sehr steifem Schnee schlagen. Die Masse weiterschlagen und dabei den Puderzucker löffelweise und sehr vorsichtig zum Eischnee geben.

3 EL Eischnee zum Bestreichen der Sterne zur Seite stellen.

Vanillezucker, Bittermandelaroma, 1 TL Lebkuchengewürz und die gemahlenen Mandeln unter die verbliebene Masse unterrühren. Von den Mandeln so viel dazugeben, bis der Teig kaum noch klebt.

Den Teig in einen Gefrierbeutel füllen. Mit einem Nudelholz etwa 5 mm flach ausrollen. Den Teig im Gefrierbeutel für 15 Minuten in den Kühlschrank geben.

In der Zwischenzeit den Backofen auf 120 Grad Celsius (Umluft 100 Grad) vorheizen.

Den fester gewordenen Teig vorsichtig aus dem Beutel herausnehmen. Sterne mit einer Form ausstechen. Die Sterne auf ein Backblech mit Backpapier legen und mit dem zur Seite gestellten Eischnee bestreichen.

Die Sterne im vorgeheizten Ofen für 15 Minuten backen. Dann die Temperatur auf 100 Grad (Umluft 80 Grad) reduzieren, damit der Eischnee nicht verbrennt, und die Sterne 30 Minuten weiterbacken.

Nach dem Backen sind die Sterne sehr hart. Wenn du die legendären Zimtsterne ohne Zimt nun aber eine Woche lang in einer Dose lagerst, werden sie schön mürbe.

Kampf den Weihnachtskalorien!

Herzlichen Glückwunsch: Durch den Kauf des Wissensbert-Premium-Adventskalenders hast du dir im Vergleich zu einem klassischen mit Schokopralinen gefüllten Kalender mal eben bis zu 1500 Kalorien gespart. Hinter dem heutigen Wissenstürchen erwartet dich ein fröhlicher Blick auf die Völlerei in der Weihnachtszeit.

Laut Studien nehmen wir im Dezember zwischen 200 und 900 Gramm zu. Überall lauern kalorienreiche Verlockungen: Im Office hat jemand einen Teller mit leckeren Plätzchen hingestellt. Nach der Arbeit oder am Wochenende geht es auf den Weihnachtsmarkt, wo mit zwei oder drei Glühwein angestoßen wird oder köstliche Nutella-Crêpes verzehrt werden. In der Schule gibt es für Schülerinnen und Schüler einen Weihnachtsbasar mit mindestens 20 Kuchen und den morgendlichen Schokoladenadventskalender sowieso. Und an Weihnachten kochen Mama und Papa das leckerste Essen der Welt. Höchste Zeit, den Xmas-Kalorien mit einem besonderen Gedankenexperiment den Kampf anzusagen und die Frage zu beantworten, wie lange du dein Essen eigentlich kauen müsstest, um durch die Muskelenergie beim Kauen die aufgenommenen Kalorien zu verbrennen.

Gut zu wissen

Tausendmal gehört, nie hinterfragt: Kalorie ist eine Maßeinheit für Energie. Eine Kalorie ist die benötigte Energiemenge, um 1 Milliliter Wasser um 1 Grad Celsius zu erwärmen. Eine Kilokalorie erwärmt entsprechend 1 Liter.

Was schätzt du, wie lange musst du einen Lebkuchen kauen, um durch das Kauen seine rund 77 Kalorien zu verbrauchen?

☐ A: 1 Stunde 12 Minuten

☐ B: 3 Stunden 8 Minuten

☐ C: 7 Stunden 26 Minuten

☐ D: 11 Stunden 33 Minuten

LÖSUNG

Wenn du dich für D entschieden hast, liegst du richtig. Beim Kauen werden vor allem vier Muskeln aktiviert. Der Kaumuskel Musculus masseter, der dafür verantwortlich ist, dass sich deine Kiefer schließen. Der Schläfenmuskel Musculus temporalis, mit dem der Kieferschluss und das Zurückziehen des Unterkiefers gesteuert werden können. Und der innere und der äußere Flügelmuskel, auch Musculus pterygoideus medialis und lateralis genannt, die ebenfalls das Öffnen und Schließen des Kiefers unterstützen und die Mahlbewegungen ermöglichen. Forschende in den USA haben herausgefunden, dass das Kauen ungefähr 9 Kilokalorien pro Stunde an Energie verbraucht.

Hier für dich die ultimative Liste, wie lange du kauen musst, um deine Weihnachtsleckereien ohne Gewichtszunahme genießen zu können

Christstollen (1 Stück / ca. 50 g):	139 kcal = 15 h 26 min
Dominosteine (140 g)	554 kcal = 2 Tage 13 h 26 min
Schokoweihnachtsmann (130 g):	696 kcal = 3 Tage 5 h 17 min
Plätzchen (Mix) (200 g):	854 kcal = 3 Tage 22 h 48 min
Gänsebraten (1 Portion / 300 Gramm):	900 kcal = 4 Tage 3 h 59 min

Vergiss nie: Es ist egal, was du zwischen Weihnachten und Silvester isst. Wichtig ist, was du zwischen Silvester und Weihnachten isst! Aber ab und an länger kauen schadet nicht. Es verbrennt Kalorien, erleichtert die Verdauung und durch die zusätzliche Aufspaltung von langkettigen Kohlenhydraten kannst du noch mehr Aromen schmecken. Außerdem verlängert sich dadurch der Essvorgang und das Signal »satt« kann dadurch in angemessener Zeit zum Gehirn gelangen.

Schokoalarm: Zum Dahinschmelzen!

Wenn du vorhast, in der Weihnachtszeit mit flüssiger Schokolade zu hantieren, solltest du jetzt gut aufpassen. Denn heute erfahren wir, warum das »Impfen« von Schokolade zu schöneren Ergebnissen in der Weihnachtsbäckerei führt. Was?? … das Impfen?!

Wenn du in der Weihnachtsbäckerei Schokolade schmilzt und beim Verzieren von Plätzchen oder beim Umhüllen von Früchten keine böse Überraschung erleben willst, solltest du gut in Naturwissenschaften sein. Dann weißt du nämlich, dass die in der Schokolade enthaltene Kakaobutter sechs unterschiedliche Kristallformen bilden kann. Sie entstehen insbesondere in Abhängigkeit von der Temperatur, bei der die Schokolade fest wird. Von den sechs Kristallformen hat aber nur eine – die sogenannten Form V – jene gewünschten Eigenschaften, die wir an der Schokolade so schätzen:

1. Sie knackt beim Brechen und formt dabei glatte Kanten.

2. Sie schmilzt im Mund.

3. Sie glänzt seidig.

Kühlt man geschmolzene Schokolade einfach ab, entstehen vor allen die Kristallformen I bis IV. Bei diesen bleibt Schokolade sogar bei Zimmertemperatur weich. Die thermodynamisch stabilste Kristallisationsform ist die Form VI. Sie entsteht, wenn die Schokolade mit der Zeit aushärtet. Dann kommt es zum sogenannten Fettreif, bei dem sich auf der Oberfläche gräuliche Schlieren oder Kreise bilden. Dabei handelt es sich um Kakaobutter, die nicht mehr mit den restlichen Bestandteilen der Schokolade verbunden ist. Fettreif ist nicht gefährlich. Er macht die Schokolade auch nicht ungenießbar. Sie schmeckt allerdings nicht mehr so gut und das Mundgefühl ist nicht mehr angenehm schmelzend, sondern eher trocken. So weit, so schlecht. Doch was kann man in der Weihnachtsbäckerei zu Hause tun, um eine Schokoladenglasur zu produzieren, die nach dem Abkühlen glänzt, knackt und im Mund statt bei Zimmertemperatur schmilzt? Ganz einfach: Die Schokolade wird beim Schmelzen geimpft.

Dazu nimmt man einfach ein Drittel der zu schmelzenden Schokolade und raspelt die restlichen zwei Drittel klein. Das eine Drittel wird nun eingeschmolzen. Sobald die Schokolade flüssig ist, beginnt man, die Schokolade mit den restlichen Schokoraspeln zu »impfen«. Das hat zwei Effekte. Erstens: Die etwas kühleren Schokoraspeln bringen die geschmolzene Schokolade auf die richtige Temperatur, in der sich Kristallform V bildet (32 bis 34 Grad Celsius). Zweitens: Die Kakaobutterkristalle in der geschmolzenen Schokolade, die in diesem Zustand noch keine Form bilden, sondern ungeordnet sind, orientieren sich nun an der Kristallform der Schokoraspeln und docken dort an. Das Ergebnis hinterher: Die Schokolade glänzt, knackt und schmilzt. Probiere den Trick doch gern einmal mit einer alten Schokolade aus, auf der du Fettreif findest, und mach sie wieder »frisch«.

Gut zu wissen

Fettreif tritt auch auf, wenn Schokolade zu lange und falsch gelagert wird. Das liegt daran, dass sich die Kakaobutter trotz Kristallform in der Schokolade bewegen kann. Sobald sie die Oberfläche erreicht, entstehen die bekannten gräulichen Muster.

Richtig oder falsch?

Schokolade sollte man im Kühlschrank lagern, damit sich nicht so schnell Fettreif bilden kann.

☐ Richtig ☐ Falsch

 **LÖSUNG**

Das ist falsch. Die optimale Lagerungstemperatur liegt bei gleichbleibenden 18 Grad. Kälte begünstigt das Aushärten der Schokolade und damit die Bildung von Fettreif. Im Kühlschrank ist es außerdem viel zu feucht, wodurch die Bildung von Fettreif ebenfalls begünstigt wird. Ein weiteres Argument gegen den Kühlschrank: Schokolade nimmt schnell die Aromen anderer Lebensmittel auf. Ins Käsefach sollte Schokolade daher schon mal gar nicht gepackt werden. Auch die Temperaturschwankung, wenn die Schokolade aus dem Kühlschrank genommen wird und sich auf Zimmertemperatur erwärmt, kann die Bildung von Fettreif hervorrufen.

Rotkohl oder Blaukraut?

Heute lüften wir eines der größten Geheimnisse der deutschen Weihnachtskultur. Was ist Blaukraut? Was ist Rotkohl? Und ist das möglicherweise sogar dasselbe?

Zur Einstimmung auf die folgenden biochemischen Fakten wärmen wir erst mal ein bisschen unser Gehirn auf. Und zwar mit einem Zungenbrecherklassiker:

Blaukraut bleibt Blaukraut. Und Brautkleid bleibt Brautkleid.

Das Ganze jetzt bitte fünfmal hintereinander in flottem Tempo, ohne dich zu verhaspeln! So, jetzt sollten … hey, nicht einfach weiterlesen! Erst fünfmal aufsagen!

Blaukraut bleibt Blaukraut. Und Brautkleid bleibt Brautkleid.

So, nun sollten die grauen Zellen auf Betriebstemperatur sein.

Und nun zur Frage, warum Kohl mal rot und mal blau wird. Bei den Begriffen Rotkohl und Blaukraut handelt es sich nämlich nicht einfach nur um eine sprachliche Verwirrung zwischen Norddeutschland (Team Rotkohl) und Süddeutschland (Team Blaukraut). Hinter dem Namen der wohl wichtigsten Beilage zur allseits beliebten Weihnachtsgans steckt die biochemische Reaktion eines bestimmten Pflanzenfarbstoffes: Cyanidin.

Dabei handelt es sich um ein Molekül mit 15 Kohlenstoffatomen. An denen hängen wiederum verschiedene Wasserstoff- und Sauerstoffatome. In einem sauren Boden mit niedrigem pH-Wert kann Cyanidin noch einen weiteren Wasserstoffkern – also ein Proton – binden. Das Ergebnis ist eine deutliche Rotfärbung der Blätter des Kohls. In eher basischen Böden mit hohem pH-Wert bleibt es dagegen bei der Blaufärbung des Pflanzenfarbstoffes, da das Cyanidin ein Proton an die Umgebung abgibt.

Schaut man sich nun die Verteilung von sauren und basischen Böden in Deutschland an, stellt man fest, dass die Böden mit niedrigem pH-Wert eher in Nord- und Westdeutschland zu finden sind. Böden mit hohem pH-Wert dagegen eher in Mittel- und Süddeutschland.

Das bedeutet, Rotkohl und Blaukraut sind die gleiche Pflanze, nur eben durch unterschiedlichen Boden anders gewachsen.

Übrigens, Cyanidin gehört zur Familie der Pflanzenfarbstoffe Anthocyane. Diese haben die Eigenschaft, freie Radikale im Körper zu binden und dadurch unsere DNA, aber auch Lipide und Kohlenhydrate vor Schädigungen zu schützen. Gönn dir daher ruhig eine zweite Portion Rotkohl oder Blaukraut an den Weihnachtsfeiertagen.

Rot oder blau?

Vervollständige die folgenden Sätze und denke dabei an das, was wir eben über die Auswirkungen des pH-Wertes auf Rotkohl/Blaukraut gelernt haben. Probier es auch gerne einfach aus!

1. Gibt man Essig zum Rotkohl/Blaukraut, färbt es sich ………….. .
2. Gibt man Natron zum Rotkohl/Blaukraut, färbt es sich …………. .
3. Gibt man Backpulver zum Rotkohl/Blaukraut, färbt es sich ……….. .
4. Gibt man Zitrone zum Rotkohl/Blaukraut, färbt es sich ……….. .

LÖSUNG

1. Rot.
2. Blau. Der Saft des Kohls kann sogar grün bis gelblich werden.
3. Blau.
4. Rot.

Wann wird ein Weihnachtssong zum Hit?

Ich glaube, dein Ohrwurm singt gleich »Jingle Bells«, denn heute steckt in deinem Adventskalendertürchen die knallharte musikpsychologische Analyse von Weihnachtssongs.

Laut einer Studie haben rund 90 Prozent der Menschen mindestens einmal in der Woche einen Ohrwurm. In der Weihnachtszeit dürfte diese Quote locker auf 99 Prozent hochschnellen. Die immergleichen Songs haben sich ins kollektive Gedächtnis gewhamt. Ob »Jingle Bells«, »Last Christmas« oder »Driving Home For Christmas«, fast alle kennen diese Songs und können sie zumindest mitsummen. Doch was genau macht einen Weihnachtssong eigentlich zum Hit?

Diese Frage hat sich 2018 der amerikanische Musikwissenschaftler Joe Bennett gestellt und 78 der beliebtesten Weihnachtssongs auf Spotify nach Gemeinsamkeiten und Unterschieden untersucht. Dabei gewannen er und sein Team die folgenden Erkenntnisse:

1. Die neun wichtigsten lyrischen Themen der Xmas-Songs sind: 1. Zu Hause sein oder nach Hause kommen. 2. Jemanden lieben und an Weihnachten mit ihm zusammen sein wollen. 3. An Weihnachten allein sein. 4. Party feiern. 5. Santa Claus. 6. Schnee sowie Schlitten, Kälte und Winterlandschaften. 7. Religiöse Bezüge. 8. Frieden auf Erden. 9. Instrumentalversionen ohne Gesang.

2. In 49 Prozent der Songs kommen die bekannten Schlittenglöckchen vor.

3. Wenig überraschend, sind die häufigsten Wörter in englischsprachigen Weihnachtssongs: *snow, party, tree, Santa, love, home* und *cold*. Fast allen untersuchten Weihnachtssongs gemeinsam war das Thema Nostalgie.

4. 95 Prozent der Lieder sind in einer Dur-Tonart geschrieben. 90 Prozent haben einen Viervierteltakt.

5. 68 Prozent der Songs wurden von einer männlichen Stimme interpretiert, 24 Prozent von einer weiblichen (bevor du zusammenzählst, ob beide Werte 100 ergeben: Wie gesagt, es gab auch Lieder ohne Gesang 😛.)

Aus diesen Erkenntnissen leitete der Wissenschaftler die Formel für den perfekten Weihnachtshit ab:

Am besten ist er in C- oder A-Dur und im Viervierteltakt geschrieben. Im Song müssen Schlittenglocken enthalten sein, die im sogenannten Boogie-Woogie-Rhythmus mit 8 Schlägen pro Takt eingestreut werden. Als gutes Tempo gelten 115 Beats in der Minute. Und es wäre nicht schlecht, wenn Michael Bublé den Songs singt, denn von ihm stammen gleich 10 der 78 beliebtesten Weihnachtssongs.

Um seine Theorie zu beweisen, produzierte Bennett auch noch den fröhlichsten Weihnachtssong aller Zeiten auf wissenschaftlicher Basis. Das Ergebnis kannst du dir hier anhören:

Singe heute deinen Lieblingssong und schicke mir die Aufnahme davon als Sprachnachricht per Instagram.

Der beste Sänger oder die beste Sängerin bekommt ein persönlich gewidmetes Exemplar meines neuesten Buches *OMG, ist das wahr? 1234 krasse Fakten aus Wissenschaft, Technik und Natur, von denen du noch nie gehört hast* – mitmachen lohnt sich also heftig!

… und wer am schlechtesten singt, bekommt auch eines 😊

Geschenkelust? Geschenkefrust?

Was passiert im Gehirn beim Schenken und beim Beschenktwerden? Und was wünschen sich Männer, Frauen und Kinder eigentlich am häufigsten? Das kleine ABC des Schenkens.

E wie Egoismus. Schenken gilt als »psychologischer Egoismus«. Bereitet ein Geschenk dem Beschenkten offensichtlich Freude, werden auch beim Schenkenden Glückshormone ausgeschüttet. Wissenschaftler haben sogar festgestellt, dass das Schenken glücklicher macht als das Beschenktwerden. Beim Geschenkemachen oder -bekommen wird nämlich das mesolimbische Belohnungssystem aktiviert. Dabei werden die Botenstoffe Oxytocin (stärkt Beziehungen) und Dopamin (löst Glücksgefühle aus) verstärkt ausgeschüttet.

F wie faul. Praktische Geschenke sind besser als Geschenke, die mit einem Aufwand für den Beschenkten verbunden sind. So kommt laut Studie ein Gutschein für ein Mittelklasselokal in der Nähe besser an als ein wertvollerer Gutschein für ein Sternelokal, das sich rund eine Stunde Autofahrt entfernt befindet.

P wie Preis. Teure Geschenke werden nicht automatisch besser bewertet oder lösen mehr Freude aus. Wichtiger als der Preis ist, ob sich die beschenkte Person das Geschenk gewünscht hat oder ob das Geschenk etwas mit ihr zu tun hat. Kreative oder Überraschungsgeschenke, zu denen der Beschenkte keinen Bezug oder Nutzen hat, lösen in der Regel nicht so viel Freude aus.

S wie Schuld. Zu teure Geschenke können beim Gegenüber nicht nur die Freude drastisch reduzieren, sondern sogar Schuldgefühle oder Scham auslösen und die Beziehung zwischen Schenkendem und Beschenktem gefährden.

U wie Undank. Gemäß § 530 des Bürgerlichen Gesetzbuchs darf eine Schenkung bei grobem Undank des Beschenkten zurückgerufen werden. Das heißt auf gut Deutsch: »Geschenkt ist geschenkt, wieder holen ist – wenn der Beschenkte zu undankbar ist – NICHT gestohlen.«

V wie Verpackung. Verpackung und Geschenkwert sollten immer harmonieren. Eine zu edle oder zu aufwendige Verpackung für ein einfaches Geschenk kann beim Beschenkten zu hohe Erwartungen wecken. Diese münden dann in Enttäuschung, selbst bei einem eigentlich passenden Geschenk, über das sich der Beschenkte gefreut hätte.

Die häufigsten Geschenke

Am häufigsten werden in Deutschland Gutscheine verschenkt.

Auf den Plätzen folgen Leckereien zum Essen und Süßigkeiten sowie Spielzeug, Kleidung, Bücher und Kosmetik.

Gutscheine sind übrigens eine ausgezeichnete Wahl, denn sowohl Männer als auch Frauen freuen sich am meisten darüber. Gleich danach folgt – ganz unromantisch, aber effektiv – Geld.

So jetzt mal Tacheles

Frage 1: Wer gibt in Deutschland mehr Geld für Geschenke aus: Männer oder Frauen?

☐ Männer   ☐ Frauen

Frage 2: Wie viele deutsche Männer kaufen ihre Geschenke erst zwischen dem 16. und 22. Dezember?

☐ 36 Prozent   ☐ 14 Prozent

Frage 3: In welchen dieser Länder wird am meisten Geld für Weihnachtsgeschenke ausgegeben: Deutschland, USA, Kanada, Schweiz, Australien? Sortiere in absteigender Reihenfolge:

Platz 1: ………………………

Platz 2: ………………………

Platz 3: ………………………

Platz 4: ………………………

Platz 5: ………………………

Was taugen die Geschenke der Heiligen Drei Könige?

Die Geschenke der Heiligen Drei Könige ans Jesuskind kennt jeder: Weihrauch, Myrrhe und Gold. Während den Wert von Gold noch immer jeder zu schätzen weiß und sich als Geschenk darüber freuen würde, dürften Weihrauch und Myrrhe eher selten auf den Weihnachtswunschzetteln dieser Welt stehen. Wir schauen uns an, warum neben Gold auch Weihrauch und Myrrhe hervorragende Geschenke sind.

Weihrauch: Als Weihrauch bezeichnet man das Harz des Weihrauchbaums *Boswellia serrata*. Der Baum kommt lediglich in drei Regionen der Welt vor: am Horn von Afrika, in Indien und auf der Arabischen Halbinsel. Das Harz wird seit Jahrhunderten aus Stamm und Ästen des Baumes gewonnen, die dafür vorsichtig eingeritzt werden, und vor allem in der ayurvedischen Medizin als Allroundheilmittel eingesetzt – zum Beispiel bei der Behandlung von rheumatischen Erkrankungen und Arthritis. Damit dürfte der junge Jesus noch nicht gekämpft haben. In medizinischen Studien wurde außerdem nachgewiesen, dass Weihrauch antientzündlich, schmerzlindernd und antioxidativ wirkt. Davon hätte Jesus später – wie wir alle wissen – durchaus profitiert haben können. Weihrauch steigert außerdem die Hirnleistung und schützt Zellen sowie Organe und wirkt positiv auf das Immunsystem. Außerdem gilt Weihrauch als Angstlöser und Stimmungsaufheller. 2017 wies eine Studie sogar eine Wirkung des Weihrauchs bei Multipler Sklerose nach. Als Wirkstoff gilt die sogenannte Boswellia-Säure, die bisher sonst nirgendwo anders in der Natur nachgewiesen werden konnte. Im Altertum war Weihrauch übrigens so wertvoll, dass es eine Zeit lang als Zahlungsmittel neben Gold genutzt wurde. Da Schädlinge und Brände den weltweiten Baumbeständen in den letzten Jahren sehr zugesetzt haben, könnte Weihrauch demnächst möglicherweise wieder so wertvoll wie Gold sein.

Myrrhe: Myrrhe ist das Harz des Balsambaumes. Die uralte Heil- und Kultpflanze wird bereits seit Tausenden Jahren eingesetzt und war damals wie der Weihrauch wertvoller als Gold. In Ägypten wurden zum Beispiel bereits vor 3000 Jahren Verstorbene mit Myrrhe einbalsamiert. War das Myrrhegeschenk etwa eine versteckte Botschaft der Heiligen Drei Könige an Jesus? Schwierig zu beurteilen, denn selbst die berühmtesten Theologen der Geschichte sind sich bei der Frage nach der Bedeutung der

Geschenke uneinig. Wie auch immer, das Harz des Balsambaumes ist wie der Weihrauch ein wahrer medizinischer Tausendsassa. Folgende Krankheiten und Beschwerden soll Myrrhe lindern können:

- Husten
- Brustschmerzen
- Darmwürmer
- Magenbeschwerden
- Mundgeruch
- Blähungen
- Starker Durchfall
- Fruchtbarkeitsprobleme
- Entzündungen der Mund- und Rachenschleimhaut

Gold: Im Altertum galt Gold wie Weihrauch und Myrrhe ebenfalls noch als Heilmittel. Schon komisch, dass die Heiligen Drei Könige dem neugeborenen Jesuskind anscheinend eine ganze Apotheke schenkten. Die Einnahme von Goldspänen sollte Herz und Kreislauf stärken, Tuberkulose und Syphilis sowie Lepra heilen können. Getragener Goldschmuck hatte ebenfalls den Ruf, Krankheiten vorzubeugen und einen positiven Einfluss auf die Gesundheit zu haben.

Tatsächlich haben sogenannte Goldsalze in winzigen Dosen eine regulierende Wirkung auf unser Immunsystem. Allerdings ist ihre Einnahme bei 20 bis 30 Prozent aller Patienten mit markanten Nebenwirkungen verbunden, weshalb Gold medizinisch nur noch selten verwendet wird.

Die Menge Gold, die Jesus bei seiner Geburt geschenkt bekam, ist unbekannt. Nehmen wir einmal an, die Heiligen Drei Könige überreichten ihm die für einen damaligen Königssohn tatsächlich üblichen 50 Pfund, also etwas mehr als 22 Kilogramm. Das wären nach heutigen Maßstäben immerhin rund 1,5 Millionen Euro. Kein schlechter Start ins Leben.

Beim Zeitpunkt des Erstellens dieses Adventskalenders lag der Goldpreis bei 2171 Euro für eine Feinunze Gold. Wie viel Geld mehr oder weniger hätte ich heute, wenn ich zu genau diesem Zeitpunkt in fünf Feinunzen investiert hätte? Recherchiere den aktuellen Goldpreis und rechne meinen Gewinn oder Verlust aus.

Der aktuelle Preis für die Feinunze Gold liegt bei: ....

Ich hätte also .... Euro Gewinn/Verlust gemacht.

Wie schnell ist der Weihnachtsmann?

Was wäre, wenn der Weihnachtsmann den bekannten Gesetzen der Physik gehorchen würde? Wie schwer wäre sein Schlitten? Und wie viele Rentiere bräuchte er, um ihn zu ziehen? Welche Strecke würde er beim Verteilen der Geschenke zurücklegen und wie schnell müsste er eigentlich sein, um alle Geschenke am Weihnachtstag auszuliefern? Der Versuch einer Rechnung.

Immer wieder versuchen Physiker zu ermitteln, wie schnell der Weihnachtsmann am Heiligen Abend sein muss, mit wie viel Gewicht er unterwegs ist und welche Kräfte auf den Schlitten und die Rentiere wirken. Hier ein paar der Highlights, die sie ermittelt haben:

Bekämen alle 14 Millionen in Deutschland lebenden Kinder ein Geschenk, das rund 1 Kilogramm wiegt, bräuchte man für den Transport 56 Flugzeuge vom Typ Antonow An-225 – das ist das größte Frachtflugzeug der Welt, das allerdings mittlerweile im Ukrainekrieg zerstört wurde. Seine Nutzlast betrug sagenhafte 250 Tonnen. Zum Vergleich: Das ist so viel Gewicht, wie 42 Elefanten auf die Waage bringen. Ein Rentier kann übrigens bis zu 150 Kilogramm transportieren. Für die Geschenke allein in Deutschland bräuchte man also über 93.300 Rentiere und nicht nur neun wie der Weihnachtsmann.

Wie verhält es sich jedoch, wenn der Weihnachtsmann allen 2 Milliarden Kindern, die auf dem Globus Weihnachten feiern, ein Geschenk vorbeibringen soll? Er müsste rund 800 Millionen Haushalte besuchen, da es weltweit rund 2,5 Kinder pro Familie gibt. Unter optimaler Ausnutzung der Zeitzonen bleiben Santa insgesamt 31 Stunden, um den Job zu erledigen. Das heißt, er muss in einer Sekunde rund 7170 Haushalte abklappern. Eine theoretische Möglichkeit wäre, dass der Weihnachtsmann über einen Schlitten mit Antimaterieantrieb verfügt. Mit einem solchen könnte er mit 50 bis 80 Prozent der Lichtgeschwindigkeit fliegen.

Forschende der Uni Freiburg, die von nur rund 92 Millionen Stopps weltweit ausgingen – es waren schließlich nicht alle Kinder brav –, ermittelten bei gleichmäßiger Verteilung der Stopps und einem Abstand von 1,3 Kilometern zwischen jedem Stopp eine Gesamtstrecke von 121 Millionen Kilometern. Das entspricht viermal der Entfernung zwischen Erde und Venus (40 Millionen Kilometer).

Einig sind sich die Physiker weltweit, dass die Rentiere des Weihnachtsmannes bei den notwendigen hohen Geschwindigkeiten aufgrund der Reibung durch den Luftwiderstand ohne besondere Schutzmaßnahmen sofort in Flammen aufgehen würden.

Die wohl wahrscheinlichste Theorie zum Geschenkelieferservice durch den Weihnachtsmann stammt aber aus der Quantenphysik. In ihr ist die grundsätzliche Möglichkeit definiert, dass sich Objekte gleichzeitig an verschiedenen Orten befinden können. Und zwar nicht nur kleine Atome, sondern auch größere Objekte. Dabei handelt es sich um den sogenannten Superpositionszustand. Und genau damit arbeitet Santa. Wichtig ist hier zu beachten, dass dieser quantenmechanische Zustand nur so lange existiert, bis ein Beobachter eine Messung durchführt (du erinnerst dich an das Doppelspaltexperiment?). Das heißt, der Weihnachtsmann kann nur dann seine Arbeit erledigen, wenn er ungestört ist und nicht beobachtet wird.

Richtig oder falsch?

Der Weihnachtsmann wäre enormen g-Kräften ausgesetzt, wenn er sich an Heiligabend nach Modellen der herkömmlichen Physik mit rund 17.500-facher Erdbeschleunigung (g-Kraft beim Beschleunigen und Bremsen) von Haus zu Haus bewegen müsste. Entscheide, welche der folgenden Behauptungen zur g-Kraft richtig oder falsch sind.

Behauptung 1: Die g-Kraft in einer Achterbahn beim Beschleunigen kann größer sein als die g-Kraft beim Start einer Rakete ins Weltall.

☐ Richtig   ☐ Falsch

Behauptung 2: Die maximale g-Kraft einer einfachen Kinderschaukel ist fast so hoch wie die g-Kraft in einem Spaceshuttle beim Wiedereintritt in die Erdatmosphäre.

☐ Richtig   ☐ Falsch

Behauptung 3: Die höchste g-Kraft, die ein Mensch überlebt hat, beträgt 178 g.

☐ Richtig   ☐ Falsch

💡 LÖSUNG

1. **Diese Behauptung ist richtig.** In der Formula-Rossa-Achterbahn in Abu Dhabi wird eine g-Kraft von 4,8 erreicht. Beim Start einer Rakete sind die Astronauten dagegen Kräften von «nur» 3 bis 4 g ausgesetzt.

2. **Auch das ist richtig.** Mit 1,5 g liegt die Kinderschaukel nur knapp unter dem g-Wert des Spaceshuttle beim Eintritt in die Erdatmosphäre: 1,63 g.

3. **Und noch mal richtig.** Dieses Glück hatte der englische Formel-1-Rennfahrer David Purley im Jahr 1977 beim Großen Preis von Silverstone, als sein Wagen bei einem Crash in die Leitplanke auf einer Wegstrecke von einem halben Meter abrupt von 173 auf 0 Kilometer pro Stunde abbremste.

Welcher Weihnachtstyp bist du?

Beantworte die Fragen auf den folgenden Seiten, zähle die Punkte zusammen und finde heraus, wie durchschnittlich oder außergewöhnlich dein Weihnachtsfest ist. Grundlage der Fragen und Antworten sind aktuelle Statistiken über Weihnachtsrituale in Deutschland.

Wie sieht deine typische Weihnachtsbeleuchtung aus?

- ☐ Welche Weihnachtsbeleuchtung? (2 Punkte)
- ☐ Die vier Kerzen auf dem Adventskranz müssen reichen. (3 Punkte)
- ☐ Bei mir wird nicht nur der Weihnachtsbaum mit Lichterketten geschmückt. Auch an den Fenstern blinkt es weihnachtlich. (1 Punkt)
- ☐ Wenn man meine Weihnachtsbeleuchtung nicht auch aus dem Weltall sehen kann, habe ich etwas falsch gemacht. (4 Punkte)

Wann stellst du deinen Weihnachtsbaum auf?

- ☐ An Heiligabend (4 Punkte)
- ☐ Wenige Tage vor Heiligabend (1 Punkt)
- ☐ Anfang/Mitte Dezember (2 Punkte)
- ☐ Ich habe keinen Weihnachtsbaum. (3 Punkte)

Mit wie vielen Menschen feierst du Weihnachten?

- ☐ Zu zweit (3 Punkte)
- ☐ Im engsten Familienkreis, also maximal 3 bis 6 Personen (2 Punkte)
- ☐ Mit der ganzen Familie. Wir sind zwischen 7 und 10 Leuten. (1 Punkt)
- ☐ Ich feiere allein. (4 Punkte)

Wie oft findet man dich in der Adventszeit auf Weihnachtsmärkten?
- ☐ Garantiert mehrmals (1 Punkt)
- ☐ Mindestens ein Glühwein im Jahr muss sein. (2 Punkte)
- ☐ Ich gehe grundsätzlich nicht auf Weihnachtsmärkte. (4 Punkte)
- ☐ Ich schlafe dort. (4 Punkte)

Welches Advents-/Weihnachtsritual ist dir am wichtigsten?
- ☐ Die Geschenke natürlich! (1 Punkt)
- ☐ Ich freue mich aufs Plätzchenbacken. (1 Punkt)
- ☐ Kein Weihnachten ohne Weihnachtsfilme. (2 Punkte)
- ☐ Ich höre stundenlang Weihnachtsmusik. (3 Punkte)
- ☐ Ich liebe es, einen Wunschzettel zu schreiben. (4 Punkte)

Gehst du an Weihnachten in die Kirche?
- ☐ Ja, unbedingt (3 Punkte)
- ☐ Nein, eher nicht (1 Punkt)

Was verschenkst du an Weihnachten am liebsten?
- ☐ Süßigkeiten (3 Punkte)
- ☐ Geld oder einen Gutschein (2 Punkte)
- ☐ Socken. Die kann jeder immer gut gebrauchen. (4 Punkte)
- ☐ Bücher von Wissensbert (1 Punkt) 😊

Was isst du am ehesten an Weihnachten?
- ☐ Kartoffelsalat mit Würstchen (1 Punkt)
- ☐ Gänsebraten (2 Punkte)
- ☐ Fisch (3 Punkte)
- ☐ Bestellte Pizza (4 Punkte)

Deine Punktzahl: ....

8 bis 14 Punkte: Herzlichen Glückwunsch. Du feierst Weihnachten genauso normal wie die meisten Deutschen. Jedenfalls, wenn es nach den Statistiken geht. Sobald die Weihnachtsmärkte offen sind, gibt es für dich kein Halten mehr. Du badest in Glühwein und Punsch. Auch die Weihnachtsbeleuchtung umfasst das klassische Repertoire. Bei der Deko lässt du dich nicht lumpen, übertreibst es aber auch nicht. Bei Geschenken zeigst du dich großzügig und überforderst deine Mitmenschen nicht mit Originalität. Du freust dich außerdem, im großen Familienkreis zu feiern. Und dabei wünsche ich dir viel Vergnügen.

15 bis 21 Punkte: Weihnachten findet statt. Und du bist halt irgendwie dabei. Weihnachtsbeleuchtung? Muss nicht sein. Maximal brennen bei dir zu Hause vier Kerzen auf dem Adventskranz. Weihnachtsmarktbesuche finden vielleicht spontan mit den Arbeitskollegen statt. Wenn nicht, auch nicht schlimm. Am liebsten verschenkst du Süßigkeiten – etwas einfallslos, aber es ist schnell besorgt und du machst nichts falsch.

22 bis 27 Punkte: Nicht schlecht. Du bringst deine individuelle Note ins Weihnachtsfest und interessierst dich nicht so sehr dafür, was der Mainstream dazu sagt. Gelegentlich hast du vielleicht in deinem Bekanntenkreis auch schon mal ein »Hä? Echt jetzt?« gehört, nur weil du traditionell an Weihnachten Pizza bestellst.

28 bis 32 Punkte: Keiner feiert Weihnachten wie du. Eine Durchschnittsweihnacht mit Kartoffelsalat und Würstchen? Nicht mit dir! Du machst an Weihnachten, was du willst, und feierst in deinem komplett beleuchteten Haus zur Not auch schon mal alleine. Deine extremen Eigenheiten sorgen in deinem Bekanntenkreis garantiert für Verwunderung, doch du feierst das Weihnachtsfest genau so, wie du es möchtest. Oder eben gar nicht.

Fröhliche Weihnachten!

Mehr von Wissensbert bei Yes Publishing